RACINE
Texte intégral

Phèdre

Ouvrage publié sous la direction de
Marie-Hélène PRAT

Édition présentée par
Marie-Hélène BRUNET
Agrégée de Lettres modernes

Isabelle GUÉGUEN
Agrégée de Lettres modernes

CLASSIQUES BORDAS

HENRI IV	LOUIS XIII	MAZARIN	LOUIS XIV
1610	1643	1661	

1606 **CORNEILLE** 1684

1621 **LA FONTAINE** 1695

1622 **MOLIÈRE** 1673

1639 **RACINE** 1699

1645 **LA BRUYÈRE** 1696

Œuvres de Racine

1664 *La Thébaïde* ★

1665 *Alexandre le Grand*

1667 *Andromaque* ★

1668 *Les Plaideurs* ●

1669 *Britannicus*

1670 *Bérénice*

1672 *Bajazet*

1673 *Mithridate*

1674 *Iphigénie* ★

1677 *Phèdre* ★

1689 *Esther*

1691 *Athalie*

★ Tragédies tirées de la mythologie grecque
● Comédie

© Bordas, 1995
© Larousse-Bordas, 1998
ISBN 2-04-028167-3

Sommaire

REGARDS SUR *PHÈDRE*

Lire aujourd'hui *Phèdre* .... page   **5**

Racine et *Phèdre* **6**

Phèdre en images **9**

PHÈDRE

Distribution **18**

Préface **20**

Les personnages **24**

Acte I **25**

Acte II **50**

Acte III **73**

Acte IV **90**

Acte V **111**

L'UNIVERS DE L'ŒUVRE

Le texte et ses images **136**

Quand Racine écrivait...
Les règles, les modèles et la liberté de l'écrivain **138**

Une œuvre de son temps ?
Le sacré dans Phèdre **142**

Formes et langages :
Théâtre et poésie dans Phèdre **148**

La structure de *Phèdre* **155**

Les thèmes **157**

D'autres textes...
Passions interdites **163**

Annexes **168**
Lire, voir, entendre – Les noms propres de *Phèdre* –
Les mots de *Phèdre* – Les termes de critique –
Pour mieux exploiter les questionnaires

Portrait de Jean Racine par François de Troy (1645-1730).
(Musée du Breuil de Saint-Germain, Langres.)

Phèdre

Les princesses qui défrayent la chronique aujourd'hui ne sont plus de lignée divine et l'histoire a donné aux héros modernes d'autres champs d'action que le monde méditerranéen, berceau de Thésée et d'Hercule, pour prouver leur bravoure. Mais *Phèdre* n'en reste pas moins pour nous le témoignage toujours vivant d'un sentiment pour lequel notre fascination reste miraculeusement intacte : la passion. Au cœur de sa tragédie, en effet, Racine a placé un brasier ardent qui rayonne de ses plus belles flammes au moment même où il est sur le point de s'éteindre. Ce brasier plein de fureur et de violence, c'est Phèdre – en grec « la lumineuse » – qui se consume d'un amour incestueux pour son beau-fils Hippolyte. Héroïne tragique qui suscite notre effroi tout autant que notre admiration, Phèdre porte à leur paroxysme des sentiments et des situations dans lesquels nous ne pouvons nous empêcher de nous reconnaître secrètement : par-delà les « ornements de la fable » et les références à la mythologie grecque, Phèdre, c'est tout ensemble l'hérédité qui pèse sur notre destinée, l'amour qui entrave notre liberté, la force du désir bousculant les interdits, la passion qui tue...

Les contemporains de Racine ne s'y trompèrent pas : ils assurèrent à la pièce, qui fut représentée pour la première fois le 1er janvier 1677, un succès durable et laissèrent retourner peu à peu dans l'ombre la tragédie de Pradon, *Phèdre et Hippolyte*, autour de laquelle une cabale d'ennemis et de rivaux de Racine avait entretenu une publicité artificielle et bien éphémère. Une virulente querelle de sonnets relança ensuite la polémique, mais leurs attaques venimeuses ne portèrent guère ombrage à l'éclat de *Phèdre* qui, après ces débuts quelque peu difficiles, entamait une très longue carrière.

Entrons donc dans l'enfer tragique de *Phèdre* : dès la première scène, le ressort est déjà bandé, plus tendu encore que dans les autres pièces de Racine. Écoutons s'élever le chant le plus pur et le plus mélodieux, celui de la fatalité, de l'amour et de la mort...

C'est vers la mi-décembre **1639** que naît Jean Racine à la Ferté-Milon (dans l'Aisne). Sa mère meurt dès 1641 et son père en 1643.

L'influence janséniste et l'attrait de la vie mondaine

L'enfant est alors recueilli par ses grands-parents paternels, gens pieux liés avec les jansénistes de **Port-Royal-des-Champs**[1]. À la mort du grand-père, en 1649, Jean Racine est inscrit par sa grand-mère à l'école du couvent où il apprend le latin et le grec et a pour maître **Nicole**[2]. Ces années sont d'une importance capitale pour sa formation intellectuelle et religieuse : c'est là qu'il est initié à la **culture de la Grèce antique** si déterminante pour son œuvre par la suite. Il fait ses premiers essais poétiques et dramatiques. Puis les Solitaires l'envoient un an à Paris (1658-1659) pour apprendre la philosophie : ils veulent en faire un avocat ou un théologien.

En découvrant Paris, Racine est séduit par la vie des salons ; il se lie d'amitié avec La Fontaine. En 1661, probablement incité par les Solitaires à se soustraire à la vie mondaine, il se rend dans le sud de la France, à Uzès, chez un oncle chanoine dont il espère obtenir un bénéfice ecclésiastique[3], mais en vain... Après s'être ennuyé un an dans cette province lointaine, il revient à Paris, **fasciné par le milieu littéraire et mondain**. Il fait alors la connaissance de Boileau et devient son ami.

Des ruptures éclatantes et une ascension irrésistible

La première pièce qu'il confie à la troupe de **Molière**, en 1664, s'intitule *La Thébaïde ou les Frères ennemis* et met en scène la lutte entre Étéocle et Polynice, les deux fils d'Œdipe. Succès mitigé. En 1665, il fait

---

1 *Port-Royal-des-Champs* : abbaye de femmes, située près de Paris (une tante de Racine y fut abbesse sous le nom de « Mère Agnès de Sainte-Thècle »). Près du couvent vivaient aussi des hommes pieux qui avaient voulu se retirer du monde : les Solitaires, qui avaient fondé l'école. Le couvent était considéré à l'époque comme le foyer du jansénisme, courant de pensée religieuse qui tient son nom du théologien Jansénius (1585-1638). Celui-ci enseignait des idées austères et professait la croyance dans la prédestination de certains hommes au salut éternel.
2 *Nicole* (1625-1695) : moraliste, janséniste et polémiste redoutable.
3 *Bénéfice ecclésiastique* : revenu attaché à la fonction d'homme d'Église.

jouer une autre tragédie par la troupe de Molière : *Alexandre le Grand*, puis il la lui retire presque aussitôt pour la donner à une troupe rivale, celle de l'Hôtel de Bourgogne. Cette indélicatesse **consomme la rupture** entre les deux dramaturges.

D'autre part, en 1666, comme Nicole avait porté une condamnation morale sur le théâtre, jugeant qu'un dramaturge était « *un empoisonneur public (...) des âmes des fidèles* », Racine **renie ses maîtres jansénistes** et se retourne violemment contre eux.

Racine est introduit à la Cour dans le cercle de Madame, belle-sœur du roi. Il va désormais mettre en scène ces milieux princiers dans ses pièces. De plus, la comédienne Thérèse Du Parc quitte la troupe de Molière et rallie celle de Racine dont elle devient la maîtresse. C'est pour elle qu'il crée en 1667 *Andromaque*, son premier triomphe qui le propulse au rang des dramaturges célèbres, et même devant le grand Corneille. Racine jouit alors non seulement de la **gloire**, mais aussi de l'**aisance matérielle** grâce à une pension accordée par le roi.

Toutes les pièces qui suivent *Andromaque* reçoivent un accueil très favorable de la Cour comme du public. Après une unique comédie, *Les Plaideurs*, en 1668, Racine revient à la tragédie avec *Britannicus* (1669), *Bérénice* (1670), dont les sujets sont tirés de l'histoire romaine, puis *Bajazet* (1672) et *Mithridate* (1673) ; cette année-là, il est reçu à l'Académie française. En 1674, il représente *Iphigénie* dont il emprunte le sujet à Euripide et Homère[1] ; cette tragédie fait pleurer le public... Anobli par le roi, il est alors à l'apogée de la maturité et de la gloire.

La naissance de *Phèdre*

Encouragé par ses succès précédents, Racine décide de s'attaquer aux **grands mythes littéraires** ; et pour rivaliser avec le grand Euripide, il choisit le sujet le plus fameux de l'Antiquité : l'histoire de Phèdre, tombée amoureuse de son beau-fils Hippolyte. C'est l'occasion pour lui de revenir aux sources de la tragédie en bâtissant une intrigue sobre qui privilégie le **rôle de la fatalité**. Mais il n'hésite pas à se démarquer d'Euripide[2], et réalise avec *Phèdre* une tragédie moderne, imprégnée d'un sacré tout chrétien et peut-être janséniste.

---

1 *Euripide et Homère* : Euripide est un poète tragique grec du Vᵉ s. av. J.-C. Homère, poète épique du IXᵉ s. av. J.-C., est l'auteur présumé de l'*Iliade* et l'*Odyssée*.
2 ☞ Préface de Racine, p. 20.

Phèdre est représentée le **1ᵉʳ janvier 1677**, mais dès le 3 janvier, la **cabale**[1] commence : pièce de Pradon sur le même sujet, bataille de sonnets... Le public va trancher en faveur de Racine, et l'œuvre de Pradon tombe dans l'oubli.

Promotion et conversion

Le métier de dramaturge ne jouit pas au XVIIᵉ siècle d'une bonne considération morale. Pourtant la renommée de Racine facilite son ascension sociale. Protégé par les grands de la Cour, Henriette d'Angleterre (belle-sœur du roi) et Madame de Montespan (maîtresse du roi), en septembre 1677 il est nommé avec Boileau **historiographe**[2] **du roi**. Cette tâche va désormais l'accaparer.

Au même moment, Racine amorce son **retour à la piété** et sa **réconciliation avec ses anciens maîtres jansénistes**, comme on peut le deviner d'après la préface de *Phèdre* où il affirme vouloir *« réconcilier la tragédie avec quantité de personnes célèbres par leur piété et par leur doctrine, qui l'ont condamnée dans ces derniers temps »*. Racine va renouer ainsi avec Port-Royal et s'engager dans une vie de dévotion.

En 1677, il se marie avec Catherine Romanet dont il aura sept enfants. Ses adieux au théâtre résultent donc de ce triple changement.

Un retour tardif au théâtre

C'est seulement en 1689 et en 1691, et pour accéder au désir de Madame de Maintenon (devenue l'épouse du roi), qu'il accepte de composer *Esther* puis *Athalie*, deux **tragédies d'inspiration biblique** destinées à être jouées par des jeunes filles, les « demoiselles de Saint-Cyr », élèves au collège de Saint-Cyr-l'École, fondé par Madame de Maintenon pour les jeunes filles nobles sans fortune.

Mais il ne s'agit pas pour autant d'une nouvelle carrière ; Racine se consacre désormais à sa famille et mène une vie retirée, écrivant des *Cantiques spirituels* et un *Abrégé de l'histoire de Port-Royal*. Il meurt à Paris le 21 avril 1699 et est enterré à Port-Royal, comme il le souhaitait dans son testament.

---

1 *Cabale* : manœuvre menée par un groupe de gens visant à provoquer le succès ou l'échec d'une œuvre ou d'une personne.
2 *Historiographe* : écrivain officiellement désigné pour rédiger l'histoire d'un règne, d'un monarque.

Le geste tragique

① Claude Degliame (**P**HÈDRE) dans la mise en scène de Claude Degliame, théâtre des Arts de Cergy-Pontoise, 1989.

☞ p. 136 : « Le texte et ses images »
pour l'exploitation des photographies de ce dossier.

2 Silvia Monfort (**P**HÈDRE) dans la mise en scène de Jean Rougerie, Carré Silvia Monfort, 1982.

3 Pierre Baillot (**T**HÉSÉE) et Claude Degliame (**P**HÈDRE) dans la mise en scène de Jean-Michel Rabeux, Maison des Arts de Créteil, 1986.

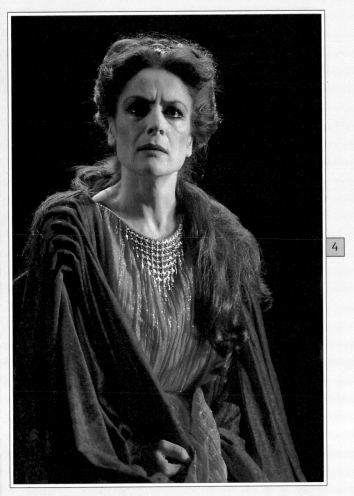

4 Françoise Thuries (PHÈDRE) dans la mise en scène de Françoise Seigner, Nouveau théâtre Mouffetard, 1989.

Visages de Phèdre

[5] Silvia Monfort (**P**HÈDRE) et Didier Raymond (**H**IPPOLYTE) dans la mise en scène de Jean Rougerie, Carré Silvia Monfort, 1982.

L'ombre et la lumière

6 Maria Meriko (ŒNONE) et Silvia Monfort (PHÈDRE) dans la mise en scène de Jean Rougerie, Carré Silvia Monfort, 1982.

7 Claude Degliame (PHÈDRE) et Delphine Boisse (ŒNONE) dans la mise en scène de Jean-Michel Rabeux, Maison des Arts de Créteil, 1986.

TEATR NARODOWY w Warszawie 1957

Racine
FEDRA

▲

[8] Affiche de Jan Lenica pour le Théâtre national de Varsovie, 1957. (Musée de l'Affiche de Wilanow.)

[9] Dessin de G. Stenberg pour *Phèdre*, 1922, paru dans le numéro spécial de *Paris-Journal* consacré à la venue du théâtre Kamerny de Moscou, en 1923, à Paris. (Coll. Mr and Mrs Lobanov-Rostovsky, Londres.)

[10] Affiche pour *Phèdre* au Carré Thorigny, 1973, avec Silvia Monfort dans la mise en scène de Denis Llorca. (Bibliothèque nationale de France, Paris.)

10

[11] Affiche pour *Phèdre* au Théâtre national de Strasbourg, 1974, dans la mise en scène d'Antoine Bourseiller. (Bibliothèque nationale de France, Paris.)
▼

11

**Affiches de *Phèdre* :
images ou fantasmes ?**

Phèdre au miroir

12 Jany Gastaldi (**P**HÈDRE) dans *Phèdre* de Sénèque, mise en scène de Daisy Amias, T.G.P. Saint-Denis, 1990.

PHÈDRE

&

Tragédie
représentée pour la première fois
à Paris
le 1er janvier 1677
par les comédiens
de l'Hôtel de Bourgogne.

"J'ai vu des mortels
périr le plus aimable."
(v. 1493)

THÉSÉE

"Je veux
de tout le crime
être mieux éclairci."
(v. 1459)

THÉRAMÈNE

"Vous seule
avez percé
ce mystère
odieux."
(v. 1343)

"J'aime, je l'avouerai,
cet orgueil généreux."
(v. 443)

ARICIE

"Les Dieux
ne vous sont plus contraires."
(v. 377)

ISMÈNE

HIPPOLYTE

DISTRIBUTION

"De quoi pour vous sauver n'étais-je point capable ?" (v. 774)

ŒNONE

"Quel feu mal étouffé dans mon cœur se réveille ?" (v. 1194)

PHÈDRE

Préface

Voici encore une tragédie dont le sujet est pris d'Euripide[1]. Quoique j'aie suivi une route un peu différente de celle de cet auteur pour la conduite de l'action, je n'ai pas laissé[2] d'enrichir ma pièce de tout ce qui m'a paru le plus éclatant dans la sienne.
5 Quand je ne lui devrais que la seule idée du caractère de Phèdre, je pourrais dire que je lui dois ce que j'ai peut-être mis de plus raisonnable sur le théâtre. Je ne suis point étonné que ce caractère ait eu un succès si heureux du temps d'Euripide, et qu'il ait encore si bien réussi dans notre siècle, puisqu'il a toutes
10 les qualités qu'Aristote[3] demande dans le héros de la tragédie, et qui sont propres à exciter la compassion et la terreur. En effet, Phèdre n'est ni tout à fait coupable, ni tout à fait innocente. Elle est engagée, par sa destinée et par la colère des dieux, dans une passion illégitime, dont elle a horreur toute la première. Elle
15 fait tous ses efforts pour la surmonter. Elle aime mieux se laisser mourir que de la déclarer à personne, et lorsqu'elle est forcée de la découvrir, elle en parle avec une confusion qui fait bien voir que son crime est plutôt une punition des dieux qu'un mouvement de sa volonté.
20 J'ai même pris soin de la rendre un peu moins odieuse qu'elle n'est dans les tragédies des Anciens[4], où elle se résout d'elle-même à accuser Hippolyte. J'ai cru que la calomnie avait quelque chose de trop bas et de trop noir pour la mettre dans la bouche d'une princesse qui a d'ailleurs des sentiments si nobles
25 et si vertueux. Cette bassesse m'a paru plus convenable à une nourrice, qui pouvait avoir des inclinations plus serviles, et qui néanmoins n'entreprend cette fausse accusation que pour sauver la vie et l'honneur de sa maîtresse. Phèdre n'y donne les mains que parce qu'elle est dans une agitation d'esprit qui la

---

1 *Euripide* : poète tragique grec du Vᵉ s. av. J.-C.
2 *Je n'ai pas laissé* : je n'ai pas manqué.
3 *Aristote* : philosophe grec du IVᵉ s. av. J.-C.
4 *Les Anciens* : les dramaturges de l'Antiquité (Euripide et Sénèque).

30 met hors d'elle-même, et elle vient un moment après dans le
dessein de justifier l'innocence et de déclarer la vérité.

Hippolyte est accusé, dans Euripide et dans Sénèque,
d'avoir en effet[1] violé sa belle-mère : *vim corpus tulit*[2]. Mais il
n'est ici accusé que d'en avoir eu le dessein. J'ai voulu épargner
35 à Thésée une confusion qui l'aurait pu rendre moins agréable
aux spectateurs.

Pour ce qui est du personnage d'Hippolyte, j'avais remarqué
dans les Anciens qu'on reprochait à Euripide de l'avoir représenté comme un philosophe exempt de toute imperfection ; ce
40 qui faisait que la mort de ce jeune prince causait beaucoup plus
d'indignation que de pitié. J'ai cru lui devoir donner quelque
faiblesse qui le rendrait un peu coupable envers son père, sans
pourtant lui rien ôter de cette grandeur d'âme avec laquelle il
épargne l'honneur de Phèdre, et se laisse opprimer sans l'accu-
45 ser. J'appelle faiblesse la passion qu'il ressent malgré lui pour
Aricie, qui est la fille et la sœur des ennemis mortels de son
père.

Cette Aricie n'est point un personnage de mon invention.
Virgile[3] dit qu'Hippolyte l'épousa, et en eut un fils, après
50 qu'Esculape[4] l'eut ressuscité. Et j'ai lu encore dans quelques
auteurs qu'Hippolyte avait épousé et emmené en Italie une
jeune Athénienne de grande naissance, qui s'appelait Aricie, et
qui avait donné son nom à une petite ville d'Italie.

Je rapporte ces autorités, parce que je me suis très scrupu-
55 leusement attaché à suivre la fable. J'ai même suivi l'histoire de
Thésée, telle qu'elle est dans Plutarque[5].

C'est dans cet historien que j'ai trouvé que ce qui avait
donné occasion de croire que Thésée fût descendu dans les
enfers pour enlever Proserpine[6], était un voyage que ce prince
60 avait fait en Épire vers la source de l'Achéron[7], chez un roi dont

---

1 *En effet* : réellement.
2 *Vim corpus tulit* : mon corps a subi sa violence.
3 *Virgile* : poète latin du Iᵉʳ s. av. J.-C., auteur de l'*Énéide*.
4 *Esculape* : dieu de la médecine chez les Romains.
5 *Plutarque* : historien grec du Iᵉʳ s. ap. J.-C.
6 *Proserpine* : épouse de Pluton, dieu des morts.
7 *Épire, Achéron* : ☞ p. 143.

Pirithoüs[1] voulait enlever la femme, et qui arrêta Thésée prisonnier, après avoir fait mourir Pirithoüs. Ainsi j'ai tâché de conserver la vraisemblance de l'histoire, sans rien perdre des ornements de la fable, qui fournit extrêmement à la poésie ; et
65 le bruit de la mort de Thésée, fondé sur ce voyage fabuleux, donne lieu à Phèdre de faire une déclaration d'amour qui devient une des principales causes de son malheur, et qu'elle n'aurait jamais osé faire tant qu'elle aurait cru que son mari était vivant.
70   Au reste, je n'ose encore assurer que cette pièce soit en effet[2] la meilleure de mes tragédies. Je laisse aux lecteurs et au temps à décider de son véritable prix. Ce que je puis assurer, c'est que je n'en ai point fait où la vertu soit plus mise en jour que dans celle-ci. Les moindres fautes y sont sévèrement punies ; la seule
75 pensée du crime y est regardée avec autant d'horreur que le crime même ; les faiblesses de l'amour y passent pour de vraies faiblesses ; les passions n'y sont présentées aux yeux que pour montrer tout le désordre dont elles sont cause ; et le vice y est peint partout avec des couleurs qui en font connaître et haïr la
80 difformité. C'est là proprement le but que tout homme qui travaille pour le public doit se proposer, et c'est ce que les premiers poètes tragiques avaient en vue sur toute chose. Leur théâtre était une école où la vertu n'était pas moins bien enseignée que dans les écoles des philosophes. Aussi Aristote a bien
85 voulu donner des règles du poème dramatique, et Socrate[3], le plus sage des philosophes, ne dédaignait pas de mettre la main aux tragédies d'Euripide. Il serait à souhaiter que nos ouvrages fussent aussi solides et aussi pleins d'utiles instructions que ceux de ces poètes. Ce serait peut-être un moyen de réconcilier la
90 tragédie avec quantité de personnes célèbres par leur piété et par leur doctrine, qui l'ont condamnée dans ces derniers temps et qui en jugeraient sans doute plus favorablement, si les auteurs songeaient autant à instruire leurs spectateurs qu'à les divertir, et s'ils suivaient en cela la véritable intention de la tragédie.

---

1 *Pirithoüs* : ami de Thésée ☞ p. 170.
2 *En effet* : réellement.
3 *Socrate* : philosophe grec du Ve s. av. J.-C.

Sarah Bernhardt (PHÈDRE), 1893.
(Archives photographiques, Paris.)

THÉSÉE, *fils d'Égée, roi d'Athènes.*

PHÈDRE, *femme de Thésée, fille de Minos et de Pasiphaé.*

HIPPOLYTE, *fils de Thésée et d'Antiope, reine des Amazones.*

ARICIE, *princesse du sang royal d'Athènes.*

THÉRAMÈNE, *gouverneur d'Hippolyte.*

ŒNONE, *nourrice et confidente de Phèdre.*

ISMÈNE, *confidente d'Aricie.*

PANOPE, *femme de la suite de Phèdre.*

GARDES

❦

La scène est à Trézène[1], ville du Péloponnèse.

---

1 ☞ carte p. 143.

Acte I

Scène 1 : HIPPOLYTE, THÉRAMÈNE

HIPPOLYTE

Le dessein[1] en est pris : je pars, cher Théramène,
Et quitte le séjour de l'aimable Trézène[2].
Dans le doute mortel dont je suis agité,
Je commence à rougir de mon oisiveté.
5 Depuis plus de six mois éloigné de mon père,
J'ignore le destin d'une tête[3] si chère ;
J'ignore jusqu'aux lieux qui le peuvent cacher.

THÉRAMÈNE

Et dans quels lieux, Seigneur, l'allez-vous donc chercher ?
Déjà pour satisfaire à votre juste crainte,
10 J'ai couru les deux mers[4] que sépare Corinthe ;
J'ai demandé Thésée aux peuples de ces bords[5]
Où l'on voit l'Achéron[6] se perdre chez les morts ;
J'ai visité l'Élide, et laissant le Ténare[7],
Passé jusqu'à la mer qui vit tomber Icare[8].
15 Sur quel espoir nouveau, dans quels heureux climats[9]

---

1 *Dessein* : décision.
2 *Trézène* : port du Péloponnèse, dans la Grèce antique, où Thésée passa
son enfance. ☞ p. 143. – *Aimable* : agréable.
3 *Tête* : personne. ☞ p. 172.
4 La mer Ionienne et la mer Égée séparées par l'isthme de Corinthe.
☞ p. 143.
5 *Bords* : contrées.
6 *L'Achéron* : fleuve d'Épire qui se prolonge dans les Enfers. ☞ p. 143.
7 *L'Élide, le Ténare* : régions du Péloponnèse.
8 Il s'agit de la mer Égée. – *Icare* : ☞ p. 169.
9 *Climats* : pays. ☞ p. 171.

Croyez-vous découvrir la trace de ses pas ?
Qui sait même, qui sait si le roi votre père
Veut que de son absence on sache le mystère ?
Et si, lorsque avec vous nous tremblons pour ses jours,
20   Tranquille et nous cachant de nouvelles amours,
Ce héros n'attend point qu'une amante[1] abusée[2]...

HIPPOLYTE

Cher Théramène, arrête, et respecte Thésée.
De ses jeunes erreurs désormais revenu,
Par un indigne obstacle il n'est point retenu ;
25   Et fixant de ses vœux l'inconstance fatale[3],
Phèdre depuis longtemps ne craint plus de rivale.
Enfin en le cherchant je suivrai mon devoir,
Et je fuirai ces lieux que je n'ose plus voir.

THÉRAMÈNE

Hé ! depuis quand, Seigneur, craignez-vous la présence
30   De ces paisibles lieux, si chers à votre enfance,
Et dont je vous ai vu préférer le séjour
Au tumulte pompeux d'Athène[4] et de la cour ?
Quel péril, ou plutôt quel chagrin[5] vous en chasse ?

HIPPOLYTE

Cet heureux temps n'est plus. Tout a changé de face,
35   Depuis que sur ces bords les dieux ont envoyé
La fille de Minos et de Pasiphaé[6].

THÉRAMÈNE

J'entends[7]. De vos douleurs la cause m'est connue.
Phèdre ici vous chagrine et blesse votre vue.

---

1 *Amante* : femme qui aime et est aimée. ☞ p. 171.
2 *Abusée* : trompée.
3 Thésée semblait jusqu'à présent voué à l'inconstance amoureuse, mais Phèdre a définitivement fixé son amour.
4 *Athène*, sans « s », est une licence poétique qui permet de gagner une syllabe. La vie de cour évoquée ici renvoie, anachroniquement, à celle de Versailles.
5 *Chagrin* : vive inquiétude, désespoir. ☞ p. 171.
6 Périphrase désignant Phèdre.
7 *J'entends* : je comprends.

Dangereuse marâtre[1], à peine elle vous vit,
40 Que votre exil d'abord[2] signala son crédit[3].
Mais sa haine sur vous autrefois attachée
Ou s'est évanouie, ou s'est bien relâchée.
Et d'ailleurs quels périls vous peut faire courir
Une femme mourante, et qui cherche à mourir ?
45 Phèdre, atteinte d'un mal qu'elle s'obstine à taire,
Lasse enfin d'elle-même et du jour qui l'éclaire,
Peut-elle contre vous former quelques desseins ?

HIPPOLYTE

Sa vaine inimitié n'est pas ce que je crains.
Hippolyte en partant fuit une autre ennemie :
50 Je fuis, je l'avouerai, cette jeune Aricie,
Reste d'un sang[4] fatal conjuré contre nous.

THÉRAMÈNE

Quoi ? vous-même, Seigneur, la persécutez-vous ?
Jamais l'aimable sœur des cruels Pallantides
Trempa-t-elle aux complots de ses frères perfides ?
55 Et devez-vous haïr ses innocents appas[5] ?

HIPPOLYTE

Si je la haïssais, je ne la fuirais pas.

THÉRAMÈNE

Seigneur, m'est-il permis d'expliquer votre fuite ?
Pourriez-vous n'être plus ce superbe[6] Hippolyte
Implacable ennemi des amoureuses lois,
60 Et d'un joug[7] que Thésée a subi tant de fois ?
Vénus, par votre orgueil si longtemps méprisée,
Voudrait-elle à la fin justifier Thésée ?

---

1 *Marâtre* : belle-mère ; le terme n'est pas péjoratif à l'époque.
2 *D'abord* : tout de suite. ☞ p. 171.
3 *Son crédit* : son influence auprès de Thésée.
4 *Sang* : famille. Il s'agit de la famille des Pallantides (fils de Pallas) qui conspira contre Thésée pour causer sa perte et obtenir ainsi le trône d'Athènes. ☞ p. 170.
5 *Appas* : attraits physiques. ☞ p. 171.
6 *Superbe* : orgueilleux.
7 Celui de l'amour, qui asservit sa victime.

Et vous mettant au rang du reste des mortels,
Vous a-t-elle forcé d'encenser ses autels[1] ?
65 Aimeriez-vous, Seigneur ?

HIPPOLYTE

                    Ami, qu'oses-tu dire ?
Toi qui connais mon cœur depuis que je respire,
Des sentiments d'un cœur si fier[2], si dédaigneux,
Peux-tu me demander le désaveu honteux ?
C'est peu qu'avec son lait une mère amazone[3]
70 M'ait fait sucer encor cet orgueil qui t'étonne[4].
Dans un âge plus mûr moi-même parvenu,
Je me suis applaudi quand je me suis connu.
Attaché près de moi par un zèle sincère,
Tu me contais alors l'histoire de mon père.
75 Tu sais combien mon âme, attentive à ta voix,
S'échauffait aux récits de ses nobles exploits,
Quand tu me dépeignais ce héros intrépide[5]
Consolant les mortels de l'absence d'Alcide[5],
Les monstres étouffés et les brigands punis,
80 Procuste, Cercyon, et Scirron, et Sinnis[6],
Et les os dispersés du géant d'Épidaure[7],
Et la Crète fumant du sang du Minotaure[8].
Mais quand tu récitais des faits moins glorieux,
Sa foi[9] partout offerte et reçue en cent lieux,
85 Hélène à ses parents dans Sparte dérobée[10],

---

1 *Encenser ses autels* : lui rendre un culte, c'est-à-dire aimer.
2 *Fier* : sauvage, qui ne se laisse pas apprivoiser. ☞ p. 171.
3 Antiope. ☞ p. 169.
4 *Étonne* : stupéfie.
5 *Alcide* : Hercule, descendant d'Alcée. ☞ p. 169.
6 *Procuste... Sinnis* : bandits qui infestaient l'isthme de Corinthe et dont le jeune Thésée délivra la Grèce. ☞ p. 170.
7 *Le géant d'Épidaure* : Périphète dit Porte-massue, autre brigand tué par Thésée.
8 *Minotaure* : monstre mi-homme mi-taureau vaincu par Thésée. ☞ p. 170.
9 *Foi* : promesse d'amour fidèle.
10 *Hélène* : ☞ p. 169. – *Sparte* : ☞ p. 143.

Salamine témoin des pleurs de Péribée[1],
Tant d'autres, dont les noms lui sont même échappés,
Trop crédules esprits que sa flamme a trompés ;
Ariane aux rochers[2] contant ses injustices,
90 Phèdre enlevée enfin sous de meilleurs auspices[3] ;
Tu sais comme, à regret écoutant ce discours,
Je te pressais souvent d'en abréger le cours,
Heureux si j'avais pu ravir à la mémoire[4]
Cette indigne moitié d'une si belle histoire !
95 Et moi-même, à mon tour, je me verrais lié[5] ?
Et les dieux jusque-là m'auraient humilié ?
Dans mes lâches soupirs d'autant plus méprisable
Qu'un long amas d'honneurs[6] rend Thésée excusable,
Qu'aucuns monstres[7] par moi domptés jusqu'aujourd'hui
00 Ne m'ont acquis le droit de faillir comme lui.
Quand même ma fierté pourrait s'être adoucie,
Aurais-je pour vainqueur dû choisir Aricie ?
Ne souviendrait-il plus à mes sens égarés
De l'obstacle éternel qui nous a séparés ?
05 Mon père la réprouve, et par des lois sévères,
Il défend de donner des neveux à ses frères :
D'une tige coupable il craint un rejeton ;
Il veut avec leur sœur ensevelir leur nom,
Et que jusqu'au tombeau soumise à sa tutelle,
10 Jamais les feux d'hymen[8] ne s'allument pour elle.
Dois-je épouser ses droits contre un père irrité ?
Donnerai-je l'exemple à la témérité ?
Et dans un fol amour ma jeunesse embarquée...

---

1 Péribée fut aimée puis abandonnée par Thésée. ☞ p. 170.
2 Ceux de l'île de Naxos, où Thésée l'abandonna. ☞ *Ariane*, p. 169.
3 Thésée en effet l'épousa.
4 *Ravir à la mémoire* : effacer du souvenir des hommes.
5 *Lié* : ici, enchaîné par les liens de l'amour.
6 *Honneurs* : exploits qui lui ont valu sa réputation éclatante.
7 Ce pluriel est grammaticalement correct au XVIIᵉ s.
8 *D'hymen* : du mariage. ☞ p. 172.

THÉRAMÈNE

Ah ! Seigneur, si votre heure est une fois marquée,
115 Le ciel de nos raisons ne sait point s'informer[1].
Thésée ouvre vos yeux en voulant les fermer ;
Et sa haine, irritant une flamme rebelle[2],
Prête à son ennemie une grâce nouvelle.
Enfin, d'un chaste amour pourquoi vous effrayer ?
120 S'il a quelque douceur, n'osez-vous l'essayer[3] ?
En croirez-vous toujours un farouche scrupule[4] ?
Craint-on de s'égarer sur les traces d'Hercule[5] ?
Quels courages[6] Vénus n'a-t-elle pas domptés ?
Vous-même où seriez-vous, vous qui la combattez,
125 Si toujours Antiope[7] à ses lois opposée
D'une pudique ardeur n'eût brûlé pour Thésée ?
Mais que sert d'affecter un superbe discours[8] ?
Avouez-le, tout change ; et depuis quelques jours,
On vous voit moins souvent, orgueilleux et sauvage,
130 Tantôt faire voler un char sur le rivage,
Tantôt, savant dans l'art par Neptune inventé[9],
Rendre docile au frein[10] un coursier indompté.
Les forêts de nos cris moins souvent retentissent ;
Chargés d'un feu secret, vos yeux s'appesantissent.
135 Il n'en faut point douter : vous aimez, vous brûlez ;
Vous périssez d'un mal que vous dissimulez.
La charmante[11] Aricie a-t-elle su vous plaire ?

---

1 *Si votre heure... s'informer* : si le destin en a décidé ainsi, le ciel reste sourd aux raisons que nous invoquons.
2 *Irritant une flamme rebelle* : excitant un amour contraire à ses volontés.
3 *L'essayer* : en faire l'expérience.
4 Obéirez-vous toujours à la rigueur de votre insensibilité ?
5 Hercule lui aussi connut l'amour.
6 *Courages* : cœurs. ☞ p. 171.
7 La mère d'Hippolyte, comme toutes les Amazones, était hostile au mariage. ☞ p. 169.
8 *Affecter un superbe discours* : feindre un langage orgueilleux.
9 Le dressage des chevaux.
10 *Frein* : mors.
11 *Charmante* : aux charmes envoûtants, magiques. ☞ p. 171.

HIPPOLYTE

Théramène, je pars, et vais chercher mon père.

THÉRAMÈNE

Ne verrez-vous point Phèdre avant que de partir,
40 Seigneur ?

HIPPOLYTE

           C'est mon dessein : tu peux l'en avertir.
Voyons-la, puisqu'ainsi mon devoir me l'ordonne.
Mais quel nouveau malheur trouble sa chère Œnone ?

Scène 2 : **HIPPOLYTE, ŒNONE, THÉRAMÈNE**

ŒNONE

Hélas ! Seigneur, quel trouble au mien peut être égal ?
La reine touche presque à son terme fatal[1].
45 En vain à l'observer jour et nuit je m'attache ;
Elle meurt dans mes bras d'un mal qu'elle me cache.
Un désordre éternel règne dans son esprit ;
Son chagrin inquiet[2] l'arrache de son lit :
Elle veut voir le jour, et sa douleur profonde
50 M'ordonne toutefois d'écarter tout le monde...
Elle vient...

HIPPOLYTE

           Il suffit : je la laisse en ces lieux,
Et ne lui montre point un visage odieux.

---

1 *Terme fatal* : la mort, fixée par le destin et inévitable.
2 *Inquiet* : qui ne la laisse pas en repos. ☞ p. 172.

Présenter au spectateur le lieu, les personnages, l'objet de la pièce : tels sont, au théâtre, les enjeux essentiels de la toute première scène. Au lever du rideau, que vont nous apprendre Hippolyte et Théramène ?

RÉFLÉCHIR

Genres : *Théramène, l'éternel confident de la scène d'exposition ?*

1. Quel est l'intérêt dramaturgique (☞ p. 173) du départ d'Hippolyte annoncé au vers 1 ? Comment la scène répond-elle aux questions que se pose le spectateur ?

2. Quelle fonction Théramène remplit-il auprès d'Hippolyte ? À quoi le voit-on ? Pourquoi la scène d'exposition (☞ p. 173) est-elle rendue ainsi plus vraisemblable ?

3. Quel est le sens exact du verbe « *expliquer* » (v. 57) ? Observez l'enchaînement et la longueur respective des répliques d'Hippolyte et Théramène des v. 1 à 65. Que fait Théramène ? Est-ce là le rôle traditionnel du confident ?

4. Observez la ponctuation à la fin de chaque réplique. Qui mène le dialogue ? Quelle valeur prennent les interrogations dans les v. 114 à 137 ? Qu'en déduisez-vous sur le véritable rôle de Théramène ?

Caractères : *Hippolyte, ses modèles, son univers*

5. Délimitez le portrait de Thésée dans le récit d'Hippolyte (v. 65 à 113). Comment est-il construit ? Comparez les deux énumérations ; quelle marque grammaticale disparaît de l'une à l'autre ? Que révèle cette disparition ?

6. Quelle est la double signification du départ d'Hippolyte ? En quoi les deux sens se rejoignent-ils (v. 101 à 112) ? Pourquoi et en quoi Hippolyte part-il sur les traces de son père ?

7. De quoi la forêt (v. 133) peut-elle être le symbole ? Et la mer (v. 130) ? Justifiez vos réponses.

8. Relevez les adjectifs et les substantifs qui dépeignent Hippolyte (v. 57 à 137). Quel champ lexical (☞ p. 173) dessinent-ils ? Caractérisez le climat moral ainsi créé au début de la tragédie : quelle peut être sa fonction pour la suite de la pièce ?

Stratégies : *Un cheminement difficile*

9. Quelles sont les significations successives données par Hippolyte à son départ (v. 1 à 56) ? Comment se rapproche-t-on progressivement de la vérité ? Pourquoi ?

10. Observez la longueur des répliques d'Hippolyte (v. 1 à 56). Comment l'interpréter ? À quel moment la tendance s'inverse-t-elle ? Pourquoi ?

11. Quel est le signe de ponctuation récurrent dans les v. 95 à 112 ? Où réside ici l'ambiguïté du discours d'Hippolyte ?

12. Sous quels traits l'amour est-il représenté ? Quel thème tragique est ainsi esquissé ?

Dramaturgie : *Le mystère de Phèdre*

13. Où est-il question de Phèdre dans la scène 1 ? Quelles fonctions dramaturgiques attribuez-vous à la méprise de Théramène (v. 37 à 47) ?

14. La règle voudrait qu'une bonne scène d'exposition fût courte. Est-ce le cas ici ? Est-ce une maladresse ? Pourquoi ?

15. La scène 2 est très courte. Quels rôles remplit-elle néanmoins ?

16. Quelles symétries relevez-vous entre le mal d'Hippolyte et celui de Phèdre ? Que peut-on penser ?

> Scène 3 : **PHÈDRE, ŒNONE**

PHÈDRE

N'allons point plus avant. Demeurons[1], chère Œnone.
Je ne me soutiens plus ; ma force m'abandonne.
155   Mes yeux sont éblouis du jour que je revoi[2],
Et mes genoux tremblants se dérobent sous moi.
Hélas !

(Elle s'assied.)

ŒNONE

Dieux tout-puissants, que nos pleurs vous apaisent !

PHÈDRE

Que ces vains ornements, que ces voiles me pèsent !
Quelle importune main, en formant tous ces nœuds,
160   A pris soin sur mon front d'assembler mes cheveux ?
Tout m'afflige et me nuit, et conspire à me nuire.

ŒNONE

Comme on voit tous ses vœux l'un l'autre se détruire !
Vous-même, condamnant vos injustes desseins[3],
Tantôt[4] à vous parer vous excitiez nos mains ;
165   Vous-même, rappelant votre force première,
Vous vouliez vous montrer et revoir la lumière,
Vous la voyez, Madame, et prête à vous cacher,
Vous haïssez le jour que vous veniez chercher !

PHÈDRE

Noble et brillant auteur d'une triste famille,
170   Toi, dont ma mère osait se vanter d'être fille,
Qui peut-être rougis du trouble où tu me vois,
Soleil[5], je te viens voir pour la dernière fois !

---

1 *Demeurons* : arrêtons-nous.
2 *Revoi* : orthographe archaïque adoptée pour permettre la « rime pour l'œil » avec *moi*.
3 *Vos injustes desseins* : vos décisions injustifiées (de ne plus sortir).
4 *Tantôt* : à l'instant, tout à l'heure.
5 *Soleil* : le dieu Hélios, dont Pasiphaé était la fille. ☞ p. 143.

ŒNONE

> Quoi ! vous ne perdrez point cette cruelle envie ?
> Vous verrai-je toujours, renonçant à la vie,
> Faire de votre mort les funestes[1] apprêts ?

75

PHÈDRE

> Dieux ! que ne suis-je assise à l'ombre des forêts !
> Quand pourrai-je, au travers d'une noble[2] poussière,
> Suivre de l'œil un char fuyant dans la carrière[3] ?

ŒNONE

> Quoi, Madame ?

PHÈDRE

> Insensée, où suis-je ? et qu'ai-je dit ?
> Où laissé-je égarer mes vœux[4] et mon esprit ?
> Je l'ai perdu : les dieux m'en ont ravi l'usage.
> Œnone, la rougeur me couvre le visage :
> Je te laisse trop voir mes honteuses douleurs,
> Et mes yeux, malgré moi, se remplissent de pleurs.

80

ŒNONE

> Ah ! s'il vous faut rougir, rougissez d'un silence
> Qui de vos maux encore aigrit[5] la violence.
> Rebelle à tous nos soins, sourde à tous nos discours,
> Voulez-vous sans pitié laisser finir vos jours ?
> Quelle fureur les borne[6] au milieu de leur course ?
> Quel charme[7] ou quel poison en a tari la source ?
> Les ombres par trois fois ont obscurci les cieux[8]
> Depuis que le sommeil n'est entré dans vos yeux ;
> Et le jour a trois fois chassé la nuit obscure
> Depuis que votre corps languit sans nourriture.

85

90

---

1 *Funeste* : qui concerne la mort. ☞ p. 171.
2 La course de chars est en effet un sport aristocratique. Hippolyte y excelle.
3 *Carrière* : piste pour les courses de chars.
4 *Vœux* : désirs amoureux.
5 *Aigrit* : aggrave, attise.
6 *Quelle fureur les borne* : quelle folie leur met un terme. ☞ p. 172.
7 *Charme* : sortilège.
8 *Les ombres ... cieux* : trois nuits se sont écoulées.

195 À[1] quel affreux dessein vous laissez-vous tenter ?
De quel droit sur vous-même osez-vous attenter ?
Vous offensez les dieux auteurs de votre vie,
Vous trahissez l'époux à qui la foi[2] vous lie,
Vous trahissez enfin vos enfants malheureux,
200 Que vous précipitez sous un joug rigoureux.
Songez qu'un même jour leur ravira leur mère,
Et rendra l'espérance au fils de l'étrangère,
À ce fier ennemi de vous, de votre sang[3],
Ce fils qu'une Amazone a porté dans son flanc,
205 Cet Hippolyte...

PHÈDRE

Ah ! dieux !

ŒNONE

Ce reproche vous touche ?

PHÈDRE

Malheureuse, quel nom est sorti de ta bouche ?

ŒNONE

Eh bien ! votre colère éclate avec raison :
J'aime à vous voir frémir à ce funeste nom.
Vivez donc : que l'amour, le devoir vous excite[4] ;
210 Vivez, ne souffrez pas que le fils d'une Scythe[5],
Accablant vos enfants d'un empire[6] odieux,
Commande au plus beau sang de la Grèce et des dieux[7].
Mais ne différez point : chaque moment vous tue.
Réparez promptement votre force abattue,
215 Tandis que de vos jours, prêts à se consumer,
Le flambeau dure encore, et peut se rallumer.

---

1 *À* : par.
2 *Foi* : amour juré.
3 *Sang* : famille.
4 *Vous excite* : ranime votre énergie (accord avec le sujet le plus proche).
5 *Scythe* : Amazone. ☞ p. 169.
6 *Empire* : autorité, domination.
7 Les enfants de Phèdre et de Thésée sont de purs Grecs qui descendent des dieux, alors qu'Hippolyte est « barbare » par sa mère. ☞ p. 143.

PHÈDRE

J'en ai trop prolongé la coupable durée.

ŒNONE

Quoi ? de quelques remords êtes-vous déchirée ?
Quel crime a pu produire un trouble si pressant[1] ?
20   Vos mains n'ont point trempé dans le sang innocent ?

PHÈDRE

Grâces au ciel, mes mains ne sont point criminelles.
Plût aux dieux que mon cœur fût innocent comme elles !

ŒNONE

Et quel affreux projet avez-vous enfanté
Dont votre cœur encor doive être épouvanté ?

PHÈDRE

25   Je t'en ai dit assez. Épargne-moi le reste.
Je meurs, pour ne point faire un aveu si funeste.

ŒNONE

Mourez donc, et gardez un silence inhumain ;
Mais pour fermer vos yeux cherchez une autre main.
Quoiqu'il vous reste à peine une faible lumière[2],
30   Mon âme chez les morts descendra la première ;
Mille chemins ouverts y conduisent toujours,
Et ma juste douleur choisira les plus courts.
Cruelle, quand ma foi[3] vous a-t-elle déçue ?
Songez-vous qu'en naissant[4] mes bras vous ont reçue ?
35   Mon pays, mes enfants, pour vous j'ai tout quitté.
Réserviez-vous ce prix à ma fidélité ?

PHÈDRE

Quel fruit espères-tu de tant de violence ?
Tu frémiras d'horreur si je romps le silence.

ŒNONE

Et que me direz-vous qui ne cède, grands dieux !
40   À l'horreur de vous voir expirer à mes yeux ?

---

1 *Pressant* : oppressant, angoissant.
2 *Une faible lumière* : une étincelle de vie. ☞ p. 172.
3 *Foi* : fidélité.
4 *En naissant* : à votre naissance.

PHÈDRE

Quand tu sauras mon crime, et le sort qui m'accable,
Je n'en mourrai pas moins, j'en mourrai plus coupable.

ŒNONE

Madame, au nom des pleurs que pour vous j'ai versés,
Par vos faibles genoux que je tiens embrassés[1],
245 Délivrez mon esprit de ce funeste doute.

PHÈDRE

Tu le veux. Lève-toi.

ŒNONE

Parlez : je vous écoute.

PHÈDRE

Ciel ! que lui vais-je dire ? et par où commencer ?

ŒNONE

Par de vaines frayeurs cessez de m'offenser[2].

PHÈDRE

Ô haine de Vénus ! Ô fatale colère !
250 Dans quels égarements l'amour jeta ma mère[3] !

ŒNONE

Oublions-les, Madame, et qu'à tout l'avenir[4]
Un silence éternel cache ce souvenir.

PHÈDRE

Ariane, ma sœur, de quel amour blessée,
Vous mourûtes aux bords où vous fûtes laissée[5] !

ŒNONE

255 Que faites-vous, Madame ? et quel mortel ennui[6]
Contre tout votre sang vous anime aujourd'hui ?

---

1 *Embrassés* : entourés de mes bras (geste des suppliants antiques).
2 *M'offenser* : me faire souffrir.
3 Pasiphaé conçut un amour insensé pour un taureau ; de leur accouplement
   naquit le Minotaure. ☞ p. 170.
4 *L'avenir* : la postérité, les générations futures.
5 L'île de Naxos, où Ariane fut abandonnée par Thésée. ☞ p. 143, 169.
6 *Ennui* : tourment, désespoir. ☞ p. 171.

PHÈDRE

Puisque Vénus le veut, de ce sang déplorable[1]
Je péris la dernière et la plus misérable.

ŒNONE

Aimez-vous ?

PHÈDRE

De l'amour j'ai toutes les fureurs.

ŒNONE

60 Pour qui ?

PHÈDRE

Tu vas ouïr le comble des horreurs.
J'aime... À ce nom fatal, je tremble, je frissonne.
J'aime...

ŒNONE

Qui ?

PHÈDRE

Tu connais ce fils de l'Amazone,
Ce prince si longtemps par moi-même opprimé ?

ŒNONE

Hippolyte ? Grands dieux !

PHÈDRE

C'est toi qui l'as nommé !

ŒNONE

65 Juste ciel ! tout mon sang dans mes veines se glace !
Ô désespoir ! ô crime ! ô déplorable race ! !
Voyage infortuné ! Rivage malheureux[2],
Fallait-il approcher de tes bords dangereux ?

PHÈDRE

Mon mal vient de plus loin. À peine au fils d'Égée[3]
70 Sous les lois de l'hymen[4] je m'étais engagée,

---

1 *Ce sang déplorable* : cette famille qui est à plaindre. ☞ p. 171.
2 *Rivage malheureux* : celui de Trézène, où Phèdre eut le malheur de retrouver Hippolyte.
3 *Fils d'Égée* : Thésée. ☞ p. 143.
4 *L'hymen* : le mariage.

◀ Maria Casarès
(**P**HÈDRE) et
Lucienne Le Marchand
(**Œ**NONE) dans la
mise en scène de
Jean Vilar, T.N.P.,
1957.

▼ Françoise Thuries
(**P**HÈDRE) et
Claire Versane
(**Œ**NONE) dans la
mise en scène de
Françoise Seigner,
Nouveau théâtre
Mouffetard, 1989.

Mon repos, mon bonheur semblait être affermi,
Athènes me montra mon superbe[1] ennemi.
Je le vis, je rougis, je pâlis à sa vue ;
Un trouble s'éleva dans mon âme éperdue ;
75 Mes yeux ne voyaient plus, je ne pouvais parler,
Je sentis tout mon corps et transir[2] et brûler.
Je reconnus Vénus et ses feux redoutables,
D'un sang qu'elle poursuit[3] tourments inévitables.
Par des vœux[4] assidus je crus les détourner :
80 Je lui bâtis un temple, et pris soin de l'orner ;
De victimes moi-même à toute heure entourée,
Je cherchais dans leurs flancs[5] ma raison égarée.
D'un incurable amour remèdes impuissants !
En vain sur les autels ma main brûlait l'encens :
85 Quand ma bouche implorait le nom de la déesse,
J'adorais Hippolyte, et le voyant sans cesse,
Même au pied des autels que je faisais fumer,
J'offrais tout à ce dieu que je n'osais nommer.
Je l'évitais partout. Ô comble de misère !
90 Mes yeux le retrouvaient dans les traits de son père.
Contre moi-même enfin j'osai me révolter :
J'excitai mon courage[6] à le persécuter.
Pour bannir l'ennemi dont j'étais idolâtre,
J'affectai les chagrins[7] d'une injuste marâtre[8] ;
95 Je pressai son exil, et mes cris éternels
L'arrachèrent du sein et des bras paternels.
Je respirais, Œnone ; et depuis son absence,
Mes jours moins agités coulaient dans l'innocence ;

---

1 *Superbe* : orgueilleux.
2 *Transir* : être saisi de froid.
3 *Sang qu'elle poursuit* : famille qu'elle persécute. ☞ *Vénus*, p. 170.
4 *Vœux* : prières.
5 Dans la religion grecque, on lisait les entrailles des animaux sacrifiés pour
  connaître l'avenir.
6 *Courage* : cœur.
7 *Les chagrins* : l'irritation, l'hostilité. ☞ p. 171.
8 *Marâtre* : belle-mère.

Soumise à mon époux, et cachant mes ennuis[1],
300   De son fatal hymen je cultivais les fruits[2].
Vaines précautions ! Cruelle destinée !
Par mon époux lui-même à Trézène amenée,
J'ai revu l'ennemi que j'avais éloigné :
Ma blessure trop vive aussitôt a saigné.
305   Ce n'est plus une ardeur dans mes veines cachée :
C'est Vénus toute[3] entière à sa proie attachée.
J'ai conçu pour mon crime une juste terreur.
J'ai pris la vie en haine et ma flamme en horreur ;
Je voulais en mourant prendre soin de ma gloire[4],
310   Et dérober au jour une flamme si noire.
Je n'ai pu soutenir tes larmes, tes combats ;
Je t'ai tout avoué ; je ne m'en repens pas,
Pourvu que de ma mort respectant les approches,
Tu ne m'affliges[5] plus par d'injustes reproches,
315   Et que tes vains secours cessent de rappeler
Un reste de chaleur[6] tout prêt à s'exhaler.

Scène 4 : PHÈDRE, ŒNONE, PANOPE

PANOPE

Je voudrais vous cacher une triste nouvelle,
Madame, mais il faut que je vous la révèle :
La mort vous a ravi votre invincible époux,
320   Et ce malheur n'est plus ignoré que de vous.

ŒNONE

Panope, que dis-tu ?

---

1 *Ennuis* : tourments.
2 *Les fruits* : les enfants qu'elle a eus de Thésée et qu'elle élève.
3 L'accord est correct au XVIIᵉ s.
4 *Gloire* : honneur, réputation.
5 *Affliges* : fasses souffrir.
6 *Un reste de chaleur* : un dernier souffle de vie.

Phèdre paraît enfin, auréolée de mystère. La même atmosphère d'intimité qu'à la scène 1 se recrée entre la reine et sa nourrice, Œnone, restée seule avec elle : Phèdre sera-t-elle aussi réservée qu'Hippolyte ? Saurons-nous enfin quel est ce mal mystérieux qui l'accable ?

RÉFLÉCHIR

Structure et stratégies : *Une lutte pied à pied*

1. Observez la longueur respective des répliques de Phèdre et d'Œnone et dégagez les grands mouvements de la scène en leur donnant un titre.

2. Comment les répliques s'enchaînent-elles dans le premier mouvement ? Quel vers marque le retour de Phèdre à la réalité ? Pourquoi ? Quelle allure revêtait jusqu'alors le dialogue ?

3. Relevez les signes de ponctuation forte des v. 185 à 205. Pourquoi cette tirade d'Œnone est-elle si longue ? Que faudrait-il rendre sensible à la mise en scène ? Où le phénomène se reproduit-il ?

4. À quel moment Œnone atteint-elle son objectif ? À quels arguments a-t-elle eu recours successivement ? Que peut-on en déduire sur le « mal » de Phèdre ?

Les réticences de Phèdre

5. À quel passage de la scène le terme de *stichomythie* (☞ p. 174) peut-il s'appliquer ? Comment interprétez-vous cela ?

6. L'apostrophe (☞ p. 173) du v. 247 est-elle purement mécanique ? Que marque le changement des pronoms ? Pourquoi ?

7. Phèdre s'égare-t-elle en évoquant sa mère et sa sœur ? Pourquoi ? Quelles sont les deux étapes de l'aveu ? Relevez deux autres procédés qui montrent les réticences de Phèdre.

8. Pourquoi Phèdre s'épanche-t-elle tout d'un coup ? Quel est le point culminant de la scène ?

Thèmes : *Amour et fatalité*

9. Quel est le double sens du v. 169 ? Sous quel signe la scène se trouve-t-elle placée dès les premières répliques ?

10. Que signifie l'adjectif « *fatal* » (v. 249, 261, 300) ? Justifiez son emploi dans chaque cas. Quel est le contexte le plus éclairant ? Pourquoi ?

11. Relevez les occurrences (☞ p. 174) des mots « *amour* » et « *Vénus* » dans les v. 245 à 316. Que désigne normalement chacun d'eux ? Où voit-on les emplois se confondre ? Pourquoi ? Commentez la dernière occurrence à la lumière du contexte.

12. Quelle figure de style identifiez-vous dans l'expression « *une*

flamme si noire » (v. 310) (☞ p. 174) ? Consultez la généalogie
p. 143 et rappelez-vous l'étymologie de *« Phèdre »* (☞ p. 5) : en
quoi une telle passion peut-elle apparaître comme une fatalité pour
« La fille de Minos et de Pasiphaé » (v. 36) et pourquoi cette situation
est-elle déchirante pour Phèdre ? (☞ p. 159)

13. Quelle est la seule façon pour Phèdre d'exercer encore sa
liberté ? Quelles sont les perspectives pour les scènes à venir ?

Tons : *Quand la douleur devient chant...*

14. Le terme *« mal »* (v. 269) peut être polysémique (☞ p. 174) :
quels sont les sens qui sont effectivement illustrés dans l'aveu de
Phèdre (v. 269 à 316) ? Relevez le champ lexical (☞ p. 173) auquel
chacun donne lieu : comment se répartissent-ils dans la tirade ? Qu'en
déduisez-vous sur l'attitude de Phèdre à l'égard de sa propre passion ? La situation est-elle en fait aussi simple ?

15. Analysez le jeu des temps verbaux dans les v. 269 à 288 : des
deux moments évoqués, lequel se détache de l'autre ? Lequel est le
plus long dans la fiction ? dans le récit de Phèdre ? Comment interprétez-vous ce traitement inégal ?

16. Les v. 253-254 sont souvent cités ; en vous fondant sur une
analyse précise des procédés (☞ p. 148), dites en quoi, selon vous,
consiste leur poésie.

17. Quelle est la particularité rythmique des v. 270, 271 et 273 ?
Ce rythme est-il fréquent dans la tirade ? Quel effet produit-il ? Que
peut-il suggérer de l'état d'âme de Phèdre ? En quoi celui-ci est-il
ambigu ?

Mise en scène : *Le corps et son langage*

18. Étudiez dans la tirade de Phèdre (v. 273 à 292) le champ lexical du corps et de la personne : quelle relation Phèdre entretient-elle
à l'égard d'elle-même ? Pourquoi ? Interprétez dans cette perspective
la construction des quatre derniers distiques (☞ p. 173) du passage. Quel est l'effet produit par cette accumulation ? Quelle diction
pourrait-on adopter pour souligner cela ?

19. Analysez le v. 161 : construction, sonorités, rythme. Quelle
atmosphère contribue-t-il à créer ? Comment le feriez-vous lire ?

20. *« Elle s'assied »* (v. 157) est la seule didascalie (☞ p. 173) de
la pièce. Quelle est la portée de ce geste ? Que peut-il nous indiquer
sur la façon de jouer Phèdre dans cette scène (timbre et puissance
de la voix, débit, mouvements) ? Comment cette indication scénique
est-elle exploitée sur chacune des photos p. 40 ?

21. Comparez la position des deux comédiennes l'une par rapport
à l'autre sur les photos p. 40. Quel rôle Œnone semble-t-elle jouer
à l'égard de Phèdre dans chaque cas ? Quelle mise en scène correspond le mieux à l'image que vous vous faites d'Œnone ? Pourquoi ?

PANOPE

Que la reine abusée[1]
En vain demande au ciel le retour de Thésée,
Et que par des vaisseaux arrivés dans le port
Hippolyte son fils vient d'apprendre sa mort.

PHÈDRE

25   Ciel !

PANOPE

Pour le choix d'un maître Athènes se partage :
Au prince votre fils l'un donne son suffrage,
Madame, et de l'État l'autre oubliant les lois
Au fils de l'étrangère[2] ose donner sa voix.
On dit même qu'au trône une brigue[3] insolente
30   Veut placer Aricie et le sang de Pallante.
J'ai cru de ce péril vous devoir avertir.
Déjà même Hippolyte est tout prêt à partir ;
Et l'on craint, s'il paraît dans ce nouvel[4] orage,
Qu'il n'entraîne après lui tout un peuple volage.

ŒNONE

35   Panope, c'est assez ; la reine qui t'entend
Ne négligera point cet avis important.

Scène 5 : **PHÈDRE, ŒNONE**

ŒNONE

Madame, je cessais de vous presser de vivre,
Déjà même au tombeau, je songeais à vous suivre ;
Pour vous en détourner je n'avais plus de voix ;
40   Mais ce nouveau malheur vous prescrit d'autres lois.

---

1 *Abusée* : pleine d'illusions.
2 *Fils de l'étrangère* : Hippolyte.
3 *Une brigue* : des conspirateurs.
4 *Nouvel* : imprévu.

Votre fortune[1] change et prend une autre face :
Le roi n'est plus, Madame, il faut prendre sa place.
Sa mort vous laisse un fils à qui vous vous devez,
Esclave s'il vous perd, et roi si vous vivez.
345   Sur qui, dans son malheur, voulez-vous qu'il s'appuie ?
Ses larmes n'auront plus de main qui les essuie,
Et ses cris innocents, portés jusques aux dieux,
Iront contre sa mère irriter ses aïeux.
Vivez, vous n'avez plus de reproche à vous faire :
350   Votre flamme devient une flamme ordinaire.
Thésée en expirant vient de rompre les nœuds[2]
Qui faisaient tout le crime et l'horreur de vos feux.
Hippolyte pour vous devient moins redoutable,
Et vous pouvez le voir sans vous rendre coupable.
355   Peut-être, convaincu de votre aversion,
Il va donner un chef à la sédition :
Détrompez son erreur, fléchissez son courage.
Roi de ces bords heureux, Trézène est son partage[3],
Mais il sait que les lois donnent à votre fils
360   Les superbes[4] remparts que Minerve[5] a bâtis.
Vous avez l'un et l'autre une juste[6] ennemie :
Unissez-vous tous deux pour combattre Aricie.

PHÈDRE

Eh bien ! à tes conseils je me laisse entraîner.
Vivons, si vers la vie on peut me ramener,
365   Et si l'amour d'un fils, en ce moment funeste,
De mes faibles esprits peut ranimer le reste.

---

1 *Fortune* : destinée.
2 *Nœuds* : liens du mariage. ☞ p. 172.
3 *Est son partage* : lui revient.
4 *Superbes* : fièrement dressés, qui s'élèvent au-dessus de tout.
5 Minerve (Athéna en grec) avait accordé sa protection à Athènes.
6 *Juste* : légitime et toute désignée.

Le désespoir de Phèdre laissait prévoir une fin tragique, mais un coup de théâtre vient relancer l'action.

RÉFLÉCHIR

Dramaturgie : *Un coup de théâtre prévisible*

1. En quoi la mort de Thésée modifie-t-elle les données de la situation pour Phèdre ? pour Hippolyte ?

2. Relevez les éléments qui, aux yeux de Phèdre, peuvent donner consistance à cette nouvelle. Sur quoi reposent-ils ? Qu'en pensez-vous ?

Genres : *De la tragédie amoureuse à la tragédie politique ?*

3. Dans la tirade d'Œnone, repérez les passages qui relèvent de l'intrigue amoureuse et ceux où il est question de politique. Comment se répartissent-ils dans la réplique (longueur, position) ? Du discours amoureux et du discours politique, lequel semble l'emporter à la fin de cet acte ? Qu'en pensez-vous ?

4. Comparez les v. 349-354 aux v. 355-362. Quel semble être désormais le véritable problème ? Quels liens existe-t-il pourtant entre l'amour et la politique ?

Structure : *Le silence de Phèdre*

5. Pourquoi Œnone prend-elle la parole aux v. 321 et 335 ? Est-ce l'ordre normal des choses ? Expliquez à chaque fois l'absence de réaction de Phèdre. Quel jeu de scène peut-on imaginer aux v. 335-336 ?

6. Comparez la fin des scènes 3 et 5. Comment justifier la longue réplique d'Œnone ? Que peut-elle révéler indirectement sur l'état d'âme de Phèdre ?

Stratégies : *Œnone ou le discours spécieux*

7. À quels arguments Œnone fait-elle appel dans la scène 5 pour ramener Phèdre à la vie ? Dans quel ordre sont-ils placés ? Qu'en pensez-vous ?

8. Où réside l'ambiguïté des v. 354, 357 et 362 ? Que révèle-t-elle du caractère d'Œnone ? En quoi sort-elle de son rôle de confidente ? Précisez quelle est sa fonction dans la scène.

9. Aricie est bien la « *juste ennemie* » (v. 361) d'Hippolyte et de Phèdre : pour quelles raisons ? Quelle est la portée de ce vers ?

Mise en scène : *Jouer le silence*

10. Comment imaginez-vous Phèdre sur scène ? Quel jeu propose-riez-vous aux autres acteurs pour souligner le contraste (gestes, regards, ton de la voix, débit) ?

🏴 L'action : la parole et la passion

1. *Un acte d'exposition*

Faites le bilan des informations recueillies à la fin de l'acte I : dans quelles scènes les trouve-t-on ? Qu'en concluez-vous ? L'acte I n'est-il qu'un acte d'exposition (☞ p. 173) ?

2. *L'acte des confidences*

« *Dire ou ne pas dire. Telle est la question* », écrit le critique Roland Barthes en analysant *Phèdre* dans laquelle il voit une tragédie de l'aveu. Quelles sont les deux scènes autour desquelles s'organise l'acte I (☞ p. 155) ? Qu'ont-elles de commun ? Thésée apparaît dans les deux cas comme un obstacle à l'épanouissement de la passion. De quelle manière ? Tous les obstacles sont-ils ensuite pour autant levés pour Phèdre comme pour Hippolyte ? Pourquoi ?

3. *L'amour*

Violent et impérieux, il apparaît comme le ressort dramatique par excellence qui fait parler et agir les personnages. Faites le bilan des relations amoureuses entre les personnages. On retrouve là un schéma classique de la tragédie racinienne : A aime B qui aime C. Quelle est la donnée encore manquante ? Quel pourra être éventuellement son intérêt plus tard ?

🏴 Les personnages : couples et symétries

4. *Phèdre et Hippolyte*

a. Ils sont tous deux en lutte contre eux-mêmes : entre quelles forces se sentent-ils déchirés ? Comment ont-ils choisi de résoudre cette crise intérieure ?

b. Jugeant sévèrement la passion dont ils se sentent victimes, ils ne la reconnaissent que malgré eux. Relevez trois exemples de réticences pour chacun d'eux.

c. Malgré ces symétries, une différence de maturité existe entre Phèdre et Hippolyte : épouse et mère, Phèdre pourrait apparaître comme une femme épanouie ; Hippolyte, au contraire, découvre l'amour pour la première fois et n'a encore accompli aucun exploit guerrier. Quel effet produit ce contraste ?

5. *Théramène et Œnone*
L'ascendant affectueux de Théramène sur Hippolyte, l'attachement passionné d'Œnone pour Phèdre provoquent, plutôt qu'ils n'accueillent, la confidence des héros. Comment interviennent-ils également dans le déroulement de l'action ? Quel est le plus actif des deux ? Quelle est son importance dramatique (☞ p. 173) ?

◥ Les tons : la mythologie et ses résonances

6. *La poésie*
Les noms légendaires esquissent sous les yeux du spectateur un ailleurs, à la fois temporel et spatial, qui sollicite son imagination et participe à la poésie de la pièce (☞ p. 152). Proposez un classement des noms propres : quels sont les trois grands pôles de cette poésie de l'évasion ? Comment se recoupent-ils ? Quel est l'effet produit sur le spectateur ?

7. *Le tragique*
Synonyme d'évasion pour le spectateur, cet ailleurs, habité par les dieux, peut devenir au contraire pour les personnages le signe de l'aliénation de leur liberté. Doués d'une volonté implacable et d'un pouvoir illimité, les dieux peuvent en effet peser de tout leur poids sur le destin des mortels. Sous quels traits la fatalité tragique est-elle ici représentée ? Qui en est la principale victime ? Toute liberté lui est-elle vraiment ôtée ?

Acte II

Scène 1 : ARICIE, ISMÈNE

ARICIE

Hippolyte demande à me voir en ce lieu ?
Hippolyte me cherche, et veut me dire adieu ?
Ismène, dis-tu vrai ? N'es-tu point abusée ?

ISMÈNE

370　C'est le premier effet de la mort de Thésée.
Préparez-vous, Madame, à voir de tous côtés
Voler vers vous les cœurs par Thésée écartés.
Aricie à la fin de son sort est maîtresse,
Et bientôt à ses pieds verra toute la Grèce.

ARICIE

375　Ce n'est donc point, Ismène, un bruit mal affermi ?
Je cesse d'être esclave, et n'ai plus d'ennemi ?

ISMÈNE

Non, Madame, les dieux ne vous sont plus contraires
Et Thésée a rejoint les mânes de vos frères[1].

ARICIE

Dit-on quelle aventure[2] a terminé ses jours ?

ISMÈNE

380　On sème de sa mort d'incroyables discours.
On dit que, ravisseur d'une amante nouvelle,

---

1 *Les mânes de vos frères* : les mânes, dans l'Antiquité, désignent les âmes des morts, considérées comme des divinités. Les Pallantides, frères d'Aricie, avaient été massacrés par Thésée.　☞ p. 170.
2 *Aventure* : événement accidentel.

Les flots ont englouti cet époux infidèle.
On dit même, et ce bruit est partout répandu,
Qu'avec Pirithoüs[1] aux enfers descendu,
85 Il a vu le Cocyte[2] et les rivages sombres,
Et s'est montré vivant aux infernales ombres,
Mais qu'il n'a pu sortir de ce triste[3] séjour,
Et repasser les bords qu'on passe sans retour.

ARICIE

Croirai-je qu'un mortel avant sa dernière heure
90 Peut pénétrer des morts la profonde demeure ?
Quel charme[4] l'attirait sur ces bords redoutés ?

ISMÈNE

Thésée est mort, Madame, et vous seule en doutez :
Athènes en gémit, Trézène en est instruite,
Et déjà pour son roi reconnaît Hippolyte.
95 Phèdre, dans ce palais, tremblante pour son fils,
De ses amis troublés demande les avis.

ARICIE

Et tu crois que pour moi plus humain que son père,
Hippolyte rendra ma chaîne plus légère ?
Qu'il plaindra mes malheurs ?

ISMÈNE

Madame, je le croi[5].

ARICIE

100 L'insensible Hippolyte est-il connu de toi ?
Sur quel frivole espoir penses-tu qu'il me plaigne,
Et respecte en moi seule un sexe qu'il dédaigne ?
Tu vois depuis quel temps il évite nos pas,
Et cherche tous les lieux où nous ne sommes pas.

---

1 *Pirithoüs* : compagnon de Thésée. ☞ p. 22, 170.
2 *Cocyte* : « fleuve des gémissements » dans les Enfers mythologiques. Par métonymie, désigne les Enfers.
3 *Triste* : sombre, funèbre. ☞ p. 172.
4 *Charme* : envoûtement. ☞ p. 171.
5 *Croi* : voir le v. 155.

ISMÈNE

405 Je sais de ses froideurs tout ce que l'on récite[1] ;
Mais j'ai vu près de vous ce superbe[2] Hippolyte,
Et même, en le voyant, le bruit de sa fierté[3]
A redoublé pour lui ma curiosité.
Sa présence[4] à ce bruit n'a point paru répondre :
410 Dès vos premiers regards je l'ai vu se confondre[5] ;
Ses yeux, qui vainement voulaient vous éviter,
Déjà pleins de langueur, ne pouvaient vous quitter.
Le nom d'amant peut-être offense son courage[6] ;
Mais il en a les yeux, s'il n'en a le langage.

ARICIE

415 Que mon cœur, chère Ismène, écoute avidement
Un discours qui peut-être a peu de fondement !
Ô toi qui me connais, te semblait-il croyable
Que le triste jouet d'un sort impitoyable,
Un cœur toujours nourri d'amertume et de pleurs,
420 Dût connaître l'amour et ses folles douleurs ?
Reste du sang d'un roi noble fils de la terre[7],
Je suis seule échappée aux fureurs de la guerre.
J'ai perdu, dans la fleur de leur jeune saison,
Six frères[8]... Quel espoir d'une illustre maison !
425 Le fer moissonna tout, et la terre humectée
But à regret le sang des neveux[9] d'Érechthée.
Tu sais, depuis leur mort, quelle sévère loi
Défend à tous les Grecs de soupirer pour moi :
On craint que de la sœur les flammes[10] téméraires
430 Ne raniment un jour la cendre de ses frères.

---

1 *Récite* : raconte.
2 *Superbe* : orgueilleux.
3 *Le bruit de sa fierté* : sa réputation d'insensibilité.
4 *Présence* : attitude, comportement.
5 *Se confondre* : se troubler.
6 *Courage* : cœur.
7 Érechthée : ☞ p. 169.
8 Voir v. 378.
9 *Neveux* : descendants.
10 *Flammes* : la passion. ☞ p. 171.

Mais tu sais bien aussi de quel œil dédaigneux
Je regardais ce soin[1] d'un vainqueur soupçonneux ;
Tu sais que de tout temps à l'amour opposée,
Je rendais souvent grâce à l'injuste Thésée,
35   Dont l'heureuse rigueur secondait mes mépris.
Mes yeux alors, mes yeux n'avaient pas vu son fils[2].
Non que par les yeux seuls lâchement enchantée[3],
J'aime en lui sa beauté, sa grâce tant vantée,
Présents dont la nature a voulu l'honorer,
40   Qu'il méprise lui-même, et qu'il semble ignorer ;
J'aime, je prise en lui de plus nobles richesses,
Les vertus de son père, et non point les faiblesses.
J'aime, je l'avouerai, cet orgueil généreux[4]
Qui jamais n'a fléchi sous le joug amoureux.
45   Phèdre en vain s'honorait des soupirs de Thésée :
Pour moi, je suis plus fière, et fuis la gloire aisée
D'arracher un hommage à mille autres offert,
Et d'entrer dans un cœur de toutes parts ouvert.
Mais de faire fléchir un courage inflexible,
50   De porter la douleur dans une âme insensible,
D'enchaîner un captif de ses fers étonné[5],
Contre un joug qui lui plaît vainement mutiné :
C'est là ce que je veux, c'est là ce qui m'irrite[6].
Hercule[7] à désarmer coûtait moins qu'Hippolyte,
55   Et vaincu plus souvent, et plus tôt surmonté,
Préparait moins de gloire aux yeux qui l'ont dompté.
Mais, chère Ismène, hélas ! quelle est mon imprudence !
On ne m'opposera que trop de résistance.
Tu m'entendras peut-être, humble dans mon ennui,

---

1 *Soin* : préoccupation. ☞ p. 172.
2 Pour obtenir la rime avec « *mépris* », on ne prononce pas la consonne finale
   de « *fils* ».
3 *Enchantée* : envoûtée.
4 *Généreux* : noble.
5 *Étonné* : stupéfait.
6 *Irrite* : excite, anime.
7 *Hercule* : symbole du héros invincible. ☞ p. 169.

SITUER

Le commencement du second acte est l'occasion de faire apparaître un nouveau personnage et d'apporter des éléments pour faire rebondir l'action. Aricie entre en scène...

RÉFLÉCHIR

Dramaturgie : *Une forte unité d'action*

1. Comment s'opère l'enchaînement entre le premier et le deuxième acte ? Combien de temps a pu s'écouler ? Cela vous paraît-il conforme aux règles de la dramaturgie classique (☞ p. 139) ? Pourquoi ?

2. Comparez la scène 1 de l'acte II avec la scène 1 de l'acte I. Pourquoi peut-on dire que ce début d'acte est en quelque sorte une « nouvelle exposition » ?

3. Dans les v. 370 à 396, quel crédit peut-on accorder aux propos de la confidente ? Quelle possibilité ces incertitudes ménagent-elles pour la suite ?

Stratégies : *Persuader et convaincre*

4. Quels sont les deux objectifs d'Ismène dans cette scène ? En quoi sont-ils convergents ? Atteint-elle son but auprès de sa maîtresse ? Pourquoi ?

Qui parle ? Qui voit ? : *Un nouveau point de vue sur les personnages*

5. Que savions-nous d'Aricie d'après l'acte I ? Son entrée en scène modifie-t-elle l'image que le spectateur s'était faite d'elle ? Justifiez votre réponse.

6. Quel portrait d'Hippolyte se dessine d'après l'entretien des deux femmes ? Vient-il confirmer, infirmer ou compléter ceux de l'acte I (scènes 1 et 3) ? Pourquoi ?

Thèmes : *Nouvelle passion, nouvel aveu*

7. Comparez l'aveu d'Aricie à ceux d'Hippolyte et de Phèdre (acte I, scènes 1 et 3) : recherchez les points communs aux trois discours. Qu'en déduisez-vous sur les effets de la passion racinienne ?

8. Le récit de la jeune princesse ressemble-t-il davantage à celui d'Hippolyte ou à celui de Phèdre ? Qu'en concluez-vous ?

9. Quel est l'intérêt dramatique (☞ p. 173) de cet aveu pour le spectateur ?

60 Gémir du même orgueil que j'admire aujourd'hui.
Hippolyte aimerait ? Par quel bonheur extrême
Aurais-je pu fléchir...

ISMÈNE

Vous l'entendrez lui-même :
Il vient à vous.

Scène 2 : **HIPPOLYTE, ARICIE, ISMÈNE**

HIPPOLYTE

Madame, avant que de partir,
J'ai cru de votre sort vous devoir avertir.
465 Mon père ne vit plus. Ma juste défiance
Présageait les raisons de sa trop longue absence :
La mort seule, bornant ses travaux éclatants,
Pouvait à l'univers le cacher si longtemps.
Les dieux livrent enfin à la Parque homicide[1]
470 L'ami, le compagnon, le successeur d'Alcide[2].
Je crois que votre haine, épargnant ses vertus,
Écoute sans regret ces noms qui lui sont dus.
Un espoir adoucit ma tristesse mortelle :
Je puis vous affranchir d'une austère tutelle.
475 Je révoque des lois dont j'ai plaint[3] la rigueur.
Vous pouvez disposer de vous, de votre cœur ;
Et dans cette Trézène, aujourd'hui mon partage,
De mon aïeul Pitthée[4] autrefois l'héritage,
Qui m'a sans balancer[5] reconnu pour son roi,
480 Je vous laisse aussi libre, et plus libre que moi.

---

1 *Parque homicide* : Atropos, divinité personnifiant le destin, qui selon les Grecs présidait à la mort des humains.
2 *Alcide* : autre nom d'Hercule.
3 *Plaint* : déploré.
4 *Pitthée* : grand-père de Thésée. ☞ p. 170.
5 *Balancer* : hésiter.

ARICIE

Modérez des bontés dont l'excès m'embarrasse.
D'un soin si généreux honorer ma disgrâce,
Seigneur, c'est me ranger, plus que vous ne pensez,
Sous ces austères lois dont vous me dispensez.

HIPPOLYTE

485   Du choix d'un successeur Athènes incertaine,
Parle de vous, me nomme, et le fils de la reine.

ARICIE

De moi, Seigneur ?

HIPPOLYTE

                  Je sais, sans vouloir me flatter,
Qu'une superbe loi semble me rejeter :
La Grèce me reproche une mère étrangère.
490   Mais si pour concurrent je n'avais que mon frère,
Madame, j'ai sur lui de véritables droits
Que je saurais sauver du caprice des lois.
Un frein plus légitime arrête mon audace :
Je vous cède, ou plutôt je vous rends une place,
495   Un sceptre que jadis vos aïeux ont reçu
De ce fameux mortel que la terre a conçu[1].
L'adoption le mit entre les mains d'Égée.
Athènes, par mon père accrue et protégée,
Reconnut avec joie un roi si généreux,
500   Et laissa dans l'oubli vos frères malheureux.
Athènes dans ses murs maintenant vous rappelle.
Assez elle a gémi d'une longue querelle,
Assez dans ses sillons votre sang englouti
A fait fumer le champ dont il était sorti.
505   Trézène m'obéit. Les campagnes de Crète
Offrent au fils de Phèdre une riche retraite.
L'Attique[2] est votre bien. Je pars, et vais pour vous
Réunir tous les vœux partagés entre nous.

---

1 *Érechthée* : ☞ p. 169.
2 *Attique* : péninsule de la Grèce où se trouve Athènes. ☞ carte p. 143.

ARICIE

    De tout ce que j'entends étonnée et confuse,
510   Je crains presque, je crains qu'un songe ne m'abuse.
    Veillé-je ? Puis-je croire un semblable dessein ?
    Quel dieu, Seigneur, quel dieu l'a mis dans votre sein ?
    Qu'à bon droit votre gloire en tous lieux est semée !
    Et que la vérité passe[1] la renommée !
515   Vous-même, en ma faveur, vous voulez vous trahir !
    N'était-ce pas assez de ne me point haïr ?
    Et d'avoir si longtemps pu défendre votre âme
    De cette inimitié...

HIPPOLYTE

                Moi, vous haïr, Madame ?
    Avec quelques couleurs qu'on ait peint ma fierté,
520   Croit-on que dans ses flancs un monstre m'ait porté ?
    Quelles sauvages mœurs, quelle haine endurcie
    Pourrait[2], en vous voyant, n'être point adoucie ?
    Ai-je pu résister au charme décevant[3]...

ARICIE

    Quoi, Seigneur ?

HIPPOLYTE

             Je me suis engagé trop avant.
525   Je vois que la raison cède à la violence[4].
    Puisque j'ai commencé de rompre le silence,
    Madame, il faut poursuivre : il faut vous informer
    D'un secret que mon cœur ne peut plus renfermer.
    Vous voyez devant vous un prince déplorable[5],
530   D'un téméraire orgueil exemple mémorable.
    Moi qui contre l'amour fièrement révolté,
    Aux fers de ses captifs ai longtemps insulté,
    Qui des faibles mortels déplorant les naufrages,

---

1 *Passe* : dépasse.
2 V. 522 : au XVIIᵉ s., il est fréquent que le verbe s'accorde avec le sujet le plus proche.
3 *Charme décevant* : envoûtement trompeur.
4 ... de la passion.
5 *Déplorable* : qui mérite la pitié.

Pensais toujours du bord contempler les orages,
535 Asservi maintenant sous la commune loi,
Par quel trouble me vois-je emporté loin de moi ?
Un moment a vaincu mon audace imprudente :
Cette âme si superbe est enfin dépendante.
Depuis près de six mois, honteux, désespéré,
540 Portant partout le trait[1] dont je suis déchiré,
Contre vous, contre moi, vainement je m'éprouve[2] :
Présente, je vous fuis, absente, je vous trouve ;
Dans le fond des forêts votre image me suit ;
La lumière du jour, les ombres de la nuit,
545 Tout retrace à mes yeux les charmes que j'évite ;
Tout vous livre à l'envi le rebelle Hippolyte.
Moi-même, pour tout fruit de mes soins[3] superflus,
Maintenant je me cherche, et ne me trouve plus.
Mon arc, mes javelots, mon char, tout m'importune ;
550 Je ne me souviens plus des leçons de Neptune[4] ;
Mes seuls gémissements font retentir les bois,
Et mes coursiers oisifs ont oublié ma voix.
Peut-être le récit d'un amour si sauvage
Vous fait en m'écoutant rougir de votre ouvrage.
555 D'un cœur qui s'offre à vous quel farouche[5] entretien !
Quel étrange captif pour un si beau lien !
Mais l'offrande à vos yeux en doit être plus chère.
Songez que je vous parle une langue étrangère[6],
Et ne rejetez pas des vœux mal exprimés
560 Qu'Hippolyte sans vous n'aurait jamais formés.

---

1 *Trait* : flèche ; métaphore amoureuse : flèche décochée par le dieu Amour.
2 *Je m'éprouve* : je me mets à l'épreuve, j'essaie de résister.
3 *Soins* : efforts. ☞ p. 172.
4 *Neptune* : dieu de la mer. ☞ p. 170. – Voir le v. 131.
5 *Farouche* : sauvage.
6 *Étrangère* : qui m'était jusqu'ici inconnue.

Scène 3 : **HIPPOLYTE, ARICIE, THÉRAMÈNE, ISMÈNE**

THÉRAMÈNE

Seigneur, la reine vient, et je l'ai devancée.
Elle vous cherche.

HIPPOLYTE

Moi ?

THÉRAMÈNE

J'ignore sa pensée.
Mais on vous est venu demander de sa part.
Phèdre veut vous parler avant votre départ.

HIPPOLYTE

65 Phèdre ? Que lui dirai-je ? Et que peut-elle attendre...

ARICIE

Seigneur, vous ne pouvez refuser de l'entendre.
Quoique trop convaincu de son inimitié,
Vous devez à ses pleurs quelque ombre de pitié.

HIPPOLYTE

Cependant[1] vous sortez. Et je pars. Et j'ignore
70 Si je n'offense point les charmes que j'adore.
J'ignore si ce cœur que je laisse en vos mains...

ARICIE

Partez, Prince, et suivez vos généreux desseins :
Rendez de mon pouvoir Athènes tributaire,
J'accepte tous les dons que vous me voulez faire ;
75 Mais cet empire enfin si grand, si glorieux,
N'est pas de vos présents le plus cher à mes yeux.

---

1 *Cependant* : pendant ce temps.

SITUER

Jusqu'à présent, tous les aveux ont été indirects, à l'adresse des confidents. Pour la première fois, une entrevue a lieu entre Aricie et Hippolyte qui s'aiment sans se l'être dit. Vont-ils garder leur secret ?

RÉFLÉCHIR

Structure : *De la politique à l'amour : un insensible glissement*

1. Quels termes dans les propos d'Hippolyte suggèrent que ses décisions politiques dissimulent un mobile amoureux ?

2. Observez les temps, les modes verbaux et les types de répliques échangées : à quel moment s'effectue le passage du discours politique à la déclaration d'amour ? Ce glissement vous paraît-il naturel ?

3. Quel est l'intérêt dramatique (☞ p. 173) de l'irruption de Théramène à la fin de la scène 2 ? Est-ce seulement à cause de son arrivée qu'Aricie renoue le fil du discours politique ?

Thèmes : *Passion et dépossession*

4. Relevez toutes les expressions du temps dans la tirade d'Hippolyte (v. 524-560). Quelles oppositions soulignent-elles ?

5. Recherchez d'autres types d'oppositions dans ces mêmes vers. Quelle est la raison de l'insistance d'Hippolyte ?

6. Relevez les termes appartenant au champ lexical de la vision ; quelle est leur valeur ? Quelle évolution remarquez-vous dans leur emploi ?

7. Par quelles expressions Hippolyte se désigne-t-il ? De quelle nouvelle relation à soi fait-il l'expérience ?

8. Relevez les éléments qui présentent la passion comme une défaite ou une déchéance. Qu'en déduisez-vous sur la conception racinienne de la passion ?

Style : *Élégie et galanterie (v. 518-571)*

9. Cherchez ce qu'est une *élégie* (☞ p. 173) ; quelles constructions, quels rythmes et quelles sonorités font de ce passage un morceau élégiaque ? Quel peut être l'effet produit ?

10. Vérifiez la signification des termes *galant* et *galanterie* au XVIIᵉ s. (☞ p. 173). Quelles figures de style font de l'aveu d'Hippolyte un discours galant ? Quel ton l'emporte selon vous ?

11. À quel registre littéraire rattacheriez-vous la dernière réplique d'Aricie dans la scène 3 ? Pourquoi ?

Scène 4 : **HIPPOLYTE, THÉRAMÈNE**

HIPPOLYTE

Ami, tout est-il prêt ? Mais la reine s'avance.
Va, que pour le départ tout s'arme en diligence[1].
Fais donner le signal, cours, ordonne, et revien[2]
580   Me délivrer bientôt d'un fâcheux[3] entretien.

Scène 5 : **PHÈDRE, HIPPOLYTE, ŒNONE**

PHÈDRE, *à Œnone.*

Le voici. Vers mon cœur tout mon sang se retire.
J'oublie, en le voyant, ce que je viens lui dire.

ŒNONE

Souvenez-vous d'un fils qui n'espère qu'en vous.

PHÈDRE

On dit qu'un prompt départ vous éloigne de nous,
585   Seigneur. À vos douleurs je viens joindre mes larmes.
Je vous viens pour un fils expliquer mes alarmes[4].
Mon fils n'a plus de père, et le jour n'est pas loin
Qui de ma mort encor[5] doit le rendre témoin.
Déjà mille ennemis attaquent son enfance ;
590   Vous seul pouvez contre eux embrasser sa défense.
Mais un secret remords agite mes esprits :
Je crains d'avoir fermé votre oreille à ses cris ;
Je tremble que sur lui votre juste colère
Ne poursuive bientôt une odieuse mère.

---

1 *S'arme en diligence* : se prépare rapidement.
2 *Revien* : licence orthographique (☞ p. 174) qui permet une rime exacte
avec « *entretien* ».
3 *Fâcheux* : pénible, ennuyeux.
4 *Mes alarmes* : mon inquiétude.
5 *Encor* : en plus, par surcroît.

HIPPOLYTE

595 Madame, je n'ai point des sentiments si bas.

PHÈDRE

Quand vous me haïriez, je ne m'en plaindrais pas,
Seigneur. Vous m'avez vue attachée à vous nuire ;
Dans le fond de mon cœur vous ne pouviez pas lire.
À votre inimitié j'ai pris soin de m'offrir[1] ;
600 Aux bords que j'habitais je n'ai pu vous souffrir ;
En public, en secret, contre vous déclarée,
J'ai voulu par des mers en être séparée[2] ;
J'ai même défendu, par une expresse loi,
Qu'on osât prononcer votre nom devant moi.
605 Si pourtant à l'offense on mesure la peine,
Si la haine peut seule attirer votre haine,
Jamais femme ne fut plus digne de pitié,
Et moins digne, Seigneur, de votre inimitié.

HIPPOLYTE

Des droits de ses enfants une mère jalouse
610 Pardonne rarement au fils d'une autre épouse,
Madame, je le sais. Les soupçons importuns
Sont d'un second hymen[3] les fruits les plus communs.
Toute autre aurait pour moi pris les mêmes ombrages,
Et j'en aurais peut-être essuyé plus d'outrages.

PHÈDRE

615 Ah ! Seigneur, que le ciel, j'ose ici l'attester,
De cette loi commune a voulu m'excepter !
Qu'un soin[4] bien différent me trouble et me dévore !

HIPPOLYTE

Madame, il n'est pas temps de vous troubler encore.
Peut-être votre époux voit encore le jour ;
620 Le ciel peut à nos pleurs accorder son retour.

---

1 *M'offrir* : m'exposer.
2 J'ai voulu être séparée de vous par une longue distance ; allusion à l'exil d'Hippolyte (voir v. 40, 295, 296).
3 *Hymen* : mariage. ☞ p. 172.
4 *Soin* : préoccupation. ☞ p. 172.

Neptune le protège, et ce dieu tutélaire[1]
Ne sera pas en vain imploré par mon père.

PHÈDRE

On ne voit point deux fois le rivage des morts,
Seigneur. Puisque Thésée a vu les sombres bords,
25   En vain vous espérez qu'un dieu vous le renvoie,
Et l'avare Achéron[2] ne lâche point sa proie.
Que dis-je ? Il n'est point mort, puisqu'il respire en vous.
Toujours devant mes yeux je crois voir mon époux.
Je le vois, je lui parle, et mon cœur... Je m'égare,
30   Seigneur ; ma folle ardeur malgré moi se déclare.

HIPPOLYTE

Je vois de votre amour l'effet prodigieux.
Tout mort qu'il est, Thésée est présent à vos yeux ;
Toujours de son amour votre âme est embrasée.

PHÈDRE

Oui, Prince, je languis, je brûle pour Thésée.
35   Je l'aime, non point tel que l'ont vu les enfers,
Volage adorateur de mille objets[3] divers,
Qui va du dieu des morts déshonorer la couche[4],
Mais fidèle, mais fier, et même un peu farouche,
Charmant[5], jeune, traînant tous les cœurs après soi,
40   Tel qu'on dépeint nos dieux, ou tel que je vous voi.
Il avait votre port, vos yeux, votre langage,
Cette noble pudeur colorait son visage,
Lorsque de notre Crète il traversa les flots,
Digne sujet des vœux des filles de Minos[6].
45   Que faisiez-vous alors ? Pourquoi, sans Hippolyte,
Des héros de la Grèce assembla-t-il l'élite ?

---

1 *Neptune... dieu tutélaire* : le dieu de la mer était le protecteur de Thésée.
2 *Achéron* : « fleuve de l'affliction » dans les Enfers mythologiques. Par métonymie, désigne les Enfers.
3 *Objets* : femmes aimées. ☞ p. 172.
4 Thésée avait accompagné aux Enfers Pirithoüs qui voulait enlever Proserpine à son époux Pluton, le dieu des Enfers.
5 *Charmant* : envoûtant.
6 *Filles de Minos* : Ariane (☞ p. 169) et Phèdre.

Pourquoi, trop jeune encor, ne pûtes-vous alors
Entrer dans le vaisseau qui le mit sur nos bords ?
Par vous aurait péri le monstre de la Crète,
650 Malgré tous les détours de sa vaste retraite[1].
Pour en développer l'embarras incertain[2],
Ma sœur du fil fatal eût armé votre main.
Mais non, dans ce dessein je l'aurais devancée :
L'amour m'en eût d'abord[3] inspiré la pensée.
655 C'est moi, Prince, c'est moi, dont l'utile secours
Vous eût du Labyrinthe enseigné les détours.
Que de soins m'eût coûtés cette tête charmante !
Un fil n'eût point assez rassuré votre amante[4] :
Compagne du péril qu'il vous fallait chercher,
660 Moi-même devant vous j'aurais voulu marcher,
Et Phèdre au Labyrinthe avec vous descendue
Se serait avec vous retrouvée, ou perdue.

HIPPOLYTE

Dieux ! qu'est-ce que j'entends ? Madame, oubliez-vous
Que Thésée est mon père, et qu'il est votre époux ?

PHÈDRE

665 Et sur quoi jugez-vous que j'en perds la mémoire,
Prince ? Aurais-je perdu tout le soin de ma gloire[5] ?

HIPPOLYTE

Madame, pardonnez. J'avoue, en rougissant,
Que j'accusais à tort un discours innocent.
Ma honte ne peut plus soutenir votre vue,
670 Et je vais...

---

1 *Le monstre de la Crète... sa vaste retraite* : le Minotaure, enfermé dans le
Labyrinthe. ☞ p. 170.
2 *Pour ... incertain* : pour vous faire sortir de cette situation difficile.
3 *D'abord* : aussitôt, avant elle.
4 *Amante* : celle qui vous aimait.
5 *Ma gloire* : ma réputation, mon honneur.

Marie Bell ▶
(**P**HÈDRE) et
Claude Giraud
(**H**IPPOLYTE) dans
le film de Pierre
Jourdan, *Phèdre*,
1968.

Silvia Monfort ▼
(**P**HÈDRE) et Jean-
Claude Drouot
(**H**IPPOLYTE) dans
la mise en scène
de Denis Llorca,
Carré Thorigny,
1973.

PHÈDRE

               Ah ! cruel, tu m'as trop entendue[1] !
Je t'en ai dit assez pour te tirer d'erreur.
Eh bien ! connais donc Phèdre et toute sa fureur.
J'aime. Ne pense pas qu'au moment que je t'aime,
Innocente à mes yeux, je m'approuve moi-même,
675   Ni que du fol amour qui trouble ma raison,
Ma lâche complaisance ait nourri le poison.
Objet infortuné des vengeances célestes,
Je m'abhorre encor plus que tu ne me détestes.
Les dieux m'en sont témoins, ces dieux qui dans mon flanc
680   Ont allumé le feu fatal à tout mon sang[2] ;
Ces dieux qui se sont fait une gloire cruelle
De séduire[3] le cœur d'une faible mortelle.
Toi-même en ton esprit rappelle le passé.
C'est peu de t'avoir fui, cruel, je t'ai chassé.
685   J'ai voulu te paraître odieuse, inhumaine ;
Pour mieux te résister, j'ai recherché ta haine.
De quoi m'ont profité mes inutiles soins ?
Tu me haïssais plus, je ne t'aimais pas moins.
Tes malheurs te prêtaient encor de nouveaux charmes.
690   J'ai langui, j'ai séché, dans les feux, dans les larmes.
Il suffit de tes yeux pour t'en persuader,
Si tes yeux un moment pouvaient me regarder.
Que dis-je ? Cet aveu que je te viens de faire,
Cet aveu si honteux, le crois-tu volontaire ?
695   Tremblante pour un fils que je n'osais trahir,
Je te venais prier de ne le point haïr.
Faibles projets d'un cœur trop plein de ce qu'il aime !
Hélas ! je ne t'ai pu parler que de toi-même.
Venge-toi, punis-moi d'un odieux amour ;
700   Digne fils du héros qui t'a donné le jour,

---

1 *Entendue* : comprise.
2 *Sang* : famille. ☞ p. 172.
3 *Séduire* : tromper, perdre. ☞ p. 172.

Hippolyte souhaite au plus vite entreprendre son voyage à Athènes. Il accorde une rapide entrevue à Phèdre. Cet entretien sera-t-il une brève scène d'adieu du jeune homme à sa belle-mère ?

RÉFLÉCHIR

Structure : *Progression et échos*

1. D'après l'évolution des propos de Phèdre, déterminez les trois grandes étapes de la scène. Comment est-elle amenée à faire une déclaration d'amour passionnée ?

2. Comparez cette scène avec l'aveu confidentiel de la scène 3 de l'acte I : en quoi les deux prises de parole se ressemblent-elles ? Quels sont les points communs des récits ?

Tons : *L'innocence et l'ambiguïté*

3. Dans les v. 596 à 630, relevez tous les propos à double entente prononcés par Phèdre. Comment Hippolyte les comprend-il ? Et le spectateur ? D'après vous, la crédulité d'Hippolyte est-elle réelle ou feinte ? Pourquoi ?

4. Après la lecture intégrale de la pièce, relisez la réplique d'Hippolyte aux v. 618 à 622 : quel rôle dramatique (☞ p. 173) est ici dévolu au jeune homme ?

5. Étudiez la place et le sens des apostrophes (☞ p. 173) de Phèdre à Hippolyte. Que remarquez-vous ? Même travail pour les apostrophes d'Hippolyte à Phèdre. Qu'en déduisez-vous ?

Stratégies : *Réinventer la mythologie* (v. 634-662)

6. D'après l'étude des modes et des temps verbaux, déterminez la composition de cette tirade. Quelle évolution remarquez-vous ?

7. Voici le schéma actantiel (☞ p. 174) de l'épisode mythologique mentionné par Phèdre :

ADJUVANT
Ariane et son fil
↓

SUJET :   OBJET :
Thésée   tuer le Minotaure
                        ↑
OPPOSANT :
le Labyrinthe

En vous aidant des noms et des pronoms employés, établissez les deux autres schémas correspondant aux autres scénarios suggérés par Phèdre. Que remarquez-vous ?

8. Comparez l'emploi des pronoms de troisième personne (« *il* » = Thésée) et de deuxième personne (« *vous* » = Hippolyte). Que remarquez-vous ? Même question avec les pronoms « *elle* » (= Ariane) et « *je* » (= Phèdre). Qu'est-ce qui se révèle de l'évolution psychologique de Phèdre ? Dans quelle mesure peut-on ici parler d'habileté ?

Thèmes : *La passion de Phèdre : une fureur fatale* (v. 670-711)

9. Quel changement intervient dans la façon dont Phèdre s'adresse à Hippolyte ? Quelle est la cause de ce changement subit ? Quel effet produit-il ?

10. Dans la langue classique, le mot *fureur* signifie « folie violente » : relevez les termes appartenant au champ lexical de la folie dans cette tirade. Qu'en déduisez-vous sur la passion amoureuse ?

11. Étudiez les marques lexicales, grammaticales et rythmiques de la violence dans cette tirade. Où atteint-on au paroxysme ? Pourquoi ?

12. Dans un tableau à deux colonnes, établissez les champs lexicaux de l'amour et de la haine. Que remarquez-vous ? Qu'en déduisez-vous sur la passion amoureuse ?

13. Relevez les expressions qui soulignent le rôle des dieux et leur cruauté, ou qui mentionnent le destin et la fatalité. Quel objectif Phèdre poursuit-elle avec cette insistance ? Quel reproche pourrait-on lui faire ?

Mise en scène : *Fureur ou stupeur ?*

14. Quelles attitudes successives choisiriez-vous pour Hippolyte tout au long de la scène ? Pourquoi ?

15. Observez le personnage d'Hippolyte sur les photos des p. 12 et 65 : lequel des acteurs vous paraît le plus proche du personnage racinien ? Pourquoi ? Mêmes questions avec Phèdre.

16. Comment la force du désir de Phèdre se trouve-t-elle traduite dans les mises en scènes des photos p. 65 ?

Délivre l'univers d'un monstre qui t'irrite.
La veuve de Thésée ose aimer Hippolyte !
Crois-moi, ce monstre affreux ne doit point t'échapper.
Voilà mon cœur : c'est là que ta main doit frapper.
05 Impatient déjà d'expier son offense,
Au-devant de ton bras je le sens qui s'avance.
Frappe. Ou si tu le crois indigne de tes coups,
Si ta haine m'envie[1] un supplice si doux,
Ou si d'un sang trop vil ta main serait trempée,
10 Au défaut de ton bras prête-moi ton épée.
Donne.

ŒNONE

Que faites-vous, Madame ? Justes dieux !
Mais on vient. Évitez des témoins odieux ;
Venez, rentrez, fuyez une honte certaine.

Scène 6 : **HIPPOLYTE, THÉRAMÈNE**

THÉRAMÈNE

Est-ce Phèdre qui fuit, ou plutôt qu'on entraîne ?
15 Pourquoi, Seigneur, pourquoi ces marques de douleur ?
Je vous vois sans épée, interdit, sans couleur ?

HIPPOLYTE

Théramène, fuyons. Ma surprise est extrême.
Je ne puis sans horreur me regarder moi-même.
Phèdre... Mais non, grands dieux ! qu'en un profond oubli
20 Cet horrible secret demeure enseveli.

THÉRAMÈNE

Si vous voulez partir, la voile est préparée.
Mais Athènes, Seigneur, s'est déjà déclarée ;
Ses chefs ont pris les voix de toutes ses tribus :
Votre frère l'emporte, et Phèdre a le dessus.

---

1 *Envie* : refuse.

HIPPOLYTE

725   Phèdre ?

THÉRAMÈNE

Un héraut chargé des volontés d'Athènes
De l'État en ses mains vient remettre les rênes.
Son fils est roi, Seigneur.

HIPPOLYTE

Dieux, qui la connaissez,
Est-ce donc sa vertu que vous récompensez ?

THÉRAMÈNE

Cependant un bruit sourd veut que le roi respire.
730   On prétend que Thésée a paru dans l'Épire[1].
Mais moi, qui l'y cherchai, Seigneur, je sais trop bien...

HIPPOLYTE

N'importe, écoutons tout, et ne négligeons rien.
Examinons ce bruit, remontons à sa source ;
S'il ne mérite pas d'interrompre ma course[2],
735   Partons ; et quelque prix qu'il en puisse coûter,
Mettons le sceptre aux mains dignes de le porter.

---

1 *Épire* : ☞ carte p. 143.
2 *Course* : expédition.

L'action : parler c'est agir : les aveux et les rumeurs

1. Comparez les aveux d'Hippolyte et de Phèdre (scènes 2 et 5) : quels points communs observez-vous dans la prise de parole et dans le contenu des discours ? Qu'en déduisez-vous ?

2. On observe dans l'acte II une curieuse récurrence du nom de Thésée dont on a pourtant annoncé la mort à l'acte I (scène 4). Est-ce seulement son fantôme qui hante le souvenir des personnages ? Relevez toutes les mentions du nom de Thésée dans l'acte II. Quelle évolution remarquez-vous ? Est-ce une menace ou un espoir ? À quoi sert la scène 6 ?

3. Comparez la présence des confidents dans l'acte II et dans l'acte I (☞ p. 155). Que remarquez-vous ? Qu'en déduisez-vous ?

Les personnages : l'acte des amantes

4. En vous fondant sur la fréquence d'apparition des personnages et sur l'importance de leurs propos (☞ p. 155), dites quels sont les personnages-clés de l'acte II. Si vous deviez déterminer un unique personnage-clé, lequel choisiriez-vous ? Pourquoi ?

5. Qu'en est-il de la présence de Phèdre ? Peut-on parler de mise à l'écart du personnage ? Pourquoi ?

6. Au cours des actes I et II, Phèdre a essayé successivement le silence et la parole. Quelle solution lui reste-t-il dorénavant ?

7. Au terme des deux premiers actes, Phèdre apparaît-elle odieuse, démente ou pathétique ? Justifiez votre réponse.

8. Hippolyte est au centre des aveux de l'acte II. Exprime-t-il longuement ses sentiments et ses réactions à la suite de ces entretiens ? Pourquoi ce choix de Racine ?

9. Le rôle d'Aricie vous paraît-il déterminant ? Pourquoi ? Comment définiriez-vous son caractère ?

◥☐ **Les thèmes : amour partagé, amour rejeté**

10. Connaissant les sentiments et les pouvoirs de chaque personnage, quelles craintes pouvons-nous avoir pour la suite ?

11. Recherchez, dans d'autres tragédies de Racine, des exemples d'amour partagé et d'amour rejeté : quel est le destin des personnages ? Qu'en déduisez-vous pour les personnages de *Phèdre* ?

12. Qu'est-ce qui différencie l'amour d'Hippolyte de celui d'Aricie ? de celui de Phèdre ? Quelles parentés percevez-vous ? Que peuvent-elles signifier ?

Acte
III

PHÈDRE

Ah ! que l'on porte ailleurs les honneurs qu'on m'envoie[1].
Importune, peux-tu souhaiter qu'on me voie ?
De quoi viens-tu flatter[2] mon esprit désolé ?
Cache-moi bien plutôt : je n'ai que trop parlé.
Mes fureurs au dehors ont osé se répandre :
J'ai dit ce que jamais on ne devait entendre.
Ciel ! comme il m'écoutait ! Par combien de détours
L'insensible a longtemps éludé mes discours !
Comme il ne respirait[3] qu'une retraite prompte !
Et combien sa rougeur a redoublé ma honte !
Pourquoi détournais-tu mon funeste dessein ?
Hélas ! quand son épée allait chercher mon sein,
A-t-il pâli pour moi ? me l'a-t-il arrachée ?
Il suffit que ma main l'ait une fois touchée,
Je l'ai rendue horrible à ses yeux inhumains,
Et ce fer malheureux profanerait ses mains.

ŒNONE

Ainsi, dans vos malheurs, ne songeant qu'à vous plaindre,
Vous nourrissez un feu qu'il vous faudrait éteindre.
Ne vaudrait-il pas mieux, digne sang[4] de Minos,
Dans de plus nobles soins[5] chercher votre repos,

---

1 Voir les v. 725-726.
2 *Flatter* : tromper.
3 *Respirait* : aspirait à.
4 *Sang* : descendante.
5 *Soins* : préoccupations.

Contre un ingrat qui plaît recourir à la fuite,
Régner, et de l'État embrasser la conduite ?

PHÈDRE

Moi, régner ? Moi, ranger un État sous ma loi,
760 Quand ma faible raison ne règne plus sur moi ?
Lorsque j'ai de mes sens abandonné l'empire[1] ?
Quand sous un joug honteux à peine je respire ?
Quand je me meurs ?

ŒNONE

Fuyez.

PHÈDRE

Je ne le puis quitter.

ŒNONE

Vous l'osâtes bannir, vous n'osez l'éviter ?

PHÈDRE

765 Il n'est plus temps. Il sait mes ardeurs insensées.
De l'austère pudeur les bornes sont passées.
J'ai déclaré ma honte aux yeux de mon vainqueur,
Et l'espoir malgré moi s'est glissé dans mon cœur.
Toi-même rappelant ma force défaillante,
770 Et mon âme déjà sur mes lèvres errante,
Par tes conseils flatteurs tu m'as su ranimer ;
Tu m'as fait entrevoir que je pouvais l'aimer.

ŒNONE

Hélas ! de vos malheurs innocente ou coupable,
De quoi pour vous sauver n'étais-je point capable ?
775 Mais si jamais l'offense irrita vos esprits,
Pouvez-vous d'un superbe[2] oublier les mépris ?
Avec quels yeux cruels sa rigueur obstinée
Vous laissait à ses pieds peu s'en faut prosternée !
Que son farouche orgueil le rendait odieux !
780 Que[3] Phèdre en ce moment n'avait-elle mes yeux !

---

1 Alors que j'ai perdu tout pouvoir sur mes sens.
2 *Superbe* : orgueilleux.
3 *Que* : pourquoi (adverbe interro-exclamatif).

PHÈDRE

> Œnone, il peut quitter cet orgueil qui te blesse.
> Nourri[1] dans les forêts, il en a la rudesse.
> Hippolyte, endurci par de sauvages lois,
> Entend parler d'amour pour la première fois ;
> Peut-être sa surprise a causé son silence,
> Et nos plaintes peut-être ont trop de violence.

ŒNONE

> Songez qu'une barbare[2] en son sein l'a formé.

PHÈDRE

> Quoique Scythe[3] et barbare, elle a pourtant aimé.

ŒNONE

> Il a pour tout le sexe[4] une haine fatale.

PHÈDRE

> Je ne me verrai point préférer de rivale.
> Enfin, tous ces conseils ne sont plus de saison :
> Sers ma fureur[5], Œnone, et non point ma raison.
> Il oppose à l'amour un cœur inaccessible :
> Cherchons pour l'attaquer quelque endroit plus sensible.
> Les charmes d'un empire ont paru le toucher ;
> Athènes l'attirait, il n'a pu s'en cacher ;
> Déjà de ses vaisseaux la pointe était tournée,
> Et la voile flottait aux vents abandonnée.
> Va trouver de ma part ce jeune ambitieux,
> Œnone ; fais briller la couronne à ses yeux.
> Qu'il mette sur son front le sacré diadème ;
> Je ne veux que l'honneur de l'attacher moi-même.
> Cédons-lui ce pouvoir que je ne puis garder.
> Il instruira mon fils dans l'art de commander ;
> Peut-être il voudra bien lui tenir lieu de père.

---

1 *Nourri* : élevé.
2 *Une barbare* : Antiope. ☞ p. 169.
3 *Scythe* : les Scythes étaient un peuple des bords de la mer Noire connu
   pour sa barbarie.
4 *Tout le sexe* : toutes les femmes.
5 *Fureur* : folie amoureuse. ☞ p. 172.

Je mets sous son pouvoir et le fils et la mère.
Pour le fléchir enfin tente tous les moyens :
Tes discours trouveront plus d'accès que les miens.
Presse, pleure, gémis, plains-lui Phèdre mourante,
810 Ne rougis point de prendre une voix suppliante.
Je t'avouerai de tout[1] ; je n'espère qu'en toi.
Va : j'attends ton retour pour disposer de moi.

Scène 2 : **PHÈDRE**, *seule.*

Ô toi, qui vois la honte où je suis descendue,
Implacable Vénus, suis-je assez confondue[2] ?
815 Tu ne saurais plus loin pousser ta cruauté,
Ton triomphe est parfait, tous tes traits ont porté.
Cruelle, si tu veux une gloire nouvelle,
Attaque un ennemi qui te soit plus rebelle.
Hippolyte te fuit, et bravant ton courroux
820 Jamais à tes autels n'a fléchi les genoux[3].
Ton nom semble offenser ses superbes oreilles.
Déesse, venge-toi : nos causes sont pareilles.
Qu'il aime... Mais déjà tu reviens sur tes pas,
Œnone ? On me déteste, on ne t'écoute pas.

---

1 *Je t'avouerai de tout* : je t'apporterai mon soutien pour tout.
2 *Confondue* : anéantie, humiliée.
3 Vénus est la déesse de l'amour ; Hippolyte ne s'est jamais prosterné devant elle, parce qu'il n'a jamais été amoureux, croit Phèdre.

La situation politique semble favoriser Phèdre ; Athènes s'est déclarée en sa faveur. Mais quelle satisfaction peut-elle en retirer quand Hippolyte est resté muet d'horreur face à sa déclaration d'amour passionnée ? Quelle voie choisir désormais ?

RÉFLÉCHIR

Structure : *De la honte à l'action*

1. D'après l'étude des temps verbaux et des modalités de phrases (☞ p. 174), déterminez l'état d'esprit de Phèdre au début de la scène 1, puis à la fin, en détaillant les étapes intermédiaires. Pourquoi un tel retournement ?

Stratégies : *Le renversement des rapports de force*

2. Quelles sont les tactiques successives suggérées à Phèdre par Œnone ? Pourquoi sont-elles vouées à l'échec ?

3. En quoi Œnone est-elle maladroite et imprudente ?

4. Quelle double erreur d'estimation Phèdre commet-elle au sujet d'Hippolyte (v. 781-812) ? En quoi le spectateur en sait-il à ce moment plus que le personnage ? Quelle issue peut-il prévoir pour le rêve caressé par Phèdre ?

Genres : *Invocation ou imprécation ?* (scène 2)

5. Dans quelles circonstances se rencontrent habituellement les monologues ? Est-ce le cas ici ?

6. Quelle est la figure de style initiale et essentielle de cette tirade (☞ p. 174) ? Cela est-il en contradiction avec la notion de monologue ? Pourquoi ?

7. Recherchez les diverses mentions faites de Vénus depuis le début de la tragédie. Pourquoi l'invocation de cette scène est-elle apparemment paradoxale ? Quel est le but de Phèdre ?

8. Quels sont les aspects lyriques (☞ p. 174) de ce monologue ? Ce mode d'expression est-il contradictoire avec les sentiments exprimés ? Pourquoi ?

9. Déterminez l'intérêt dramatique et tragique de ce monologue.

Scène 3 : **PHÈDRE, ŒNONE**

ŒNONE

825 Il faut d'un vain[1] amour étouffer la pensée,
Madame. Rappelez votre vertu passée :
Le roi, qu'on a cru mort, va paraître à vos yeux ;
Thésée est arrivé, Thésée est en ces lieux.
Le peuple, pour le voir, court et se précipite.
830 Je sortais par votre ordre, et cherchais Hippolyte,
Lorsque jusques au ciel mille cris élancés...

PHÈDRE

Mon époux est vivant, Œnone, c'est assez.
J'ai fait l'indigne aveu d'un amour qui l'outrage ;
Il vit : je ne veux pas en savoir davantage.

ŒNONE

835 Quoi ?

PHÈDRE

Je te l'ai prédit, mais tu n'as pas voulu.
Sur mes justes remords tes pleurs ont prévalu.
Je mourais ce matin digne d'être pleurée ;
J'ai suivi tes conseils, je meurs déshonorée.

ŒNONE

Vous mourez ?

PHÈDRE

Juste ciel ! qu'ai-je fait aujourd'hui ?
840 Mon époux va paraître, et son fils avec lui.
Je verrai le témoin de ma flamme adultère
Observer de quel front[2] j'ose aborder son père,
Le cœur gros de soupirs qu'il n'a point écoutés,
L'œil humide de pleurs par l'ingrat[3] rebutés.
845 Penses-tu que sensible à l'honneur de Thésée,

---

1 *Vain* : impossible.
2 *De quel front* : avec quelle attitude.
3 *L'ingrat* : celui qui ne répond pas à l'amour qu'on lui porte.

Il lui cache l'ardeur dont je suis embrasée ?
Laissera-t-il trahir et son père et son roi ?
Pourra-t-il contenir l'horreur qu'il a pour moi ?
Il se tairait en vain. Je sais mes perfidies[1],
Œnone, et ne suis point de ces femmes hardies
Qui goûtant dans le crime une tranquille paix,
Ont su se faire un front qui ne rougit jamais.
Je connais mes fureurs, je les rappelle toutes.
Il me semble déjà que ces murs, que ces voûtes
Vont prendre la parole, et prêts à m'accuser,
Attendent mon époux pour le désabuser.
Mourons. De tant d'horreurs qu'un trépas me délivre.
Est-ce un malheur si grand que de cesser de vivre ?
La mort aux malheureux ne cause point d'effroi ;
Je ne crains que le nom[2] que je laisse après moi.
Pour mes tristes enfants quel affreux héritage !
Le sang de Jupiter doit enfler leur courage[3] ;
Mais quelque juste orgueil qu'inspire un sang si beau,
Le crime d'une mère est un pesant fardeau.
Je tremble qu'un discours, hélas ! trop véritable,
Un jour ne leur reproche une mère coupable.
Je tremble qu'opprimés de ce poids odieux,
L'un ni l'autre jamais n'ose lever les yeux.

ŒNONE

Il n'en faut point douter, je les plains l'un et l'autre ;
Jamais crainte ne fut plus juste que la vôtre.
Mais à de tels affronts pourquoi les exposer ?
Pourquoi contre vous-même allez-vous déposer ?
C'en est fait : on dira que Phèdre, trop coupable,
De son époux trahi fuit l'aspect redoutable.
Hippolyte est heureux qu'aux dépens de vos jours
Vous-même en expirant appuyez ses discours.
À votre accusateur que pourrai-je répondre ?

---

1 *Je sais mes perfidies* : je connais mes manquements au serment du mariage.
2 *Nom* : réputation.
3 *Enfler* : accroître ; Phèdre descend de Jupiter. ☞ p. 143.

Maria Casarès (PHÈDRE) et Lucienne Le Marchand (ŒNONE) dans la mise en scène de Jean Vilar, T.N.P., 1957.

Je serai devant lui trop facile à confondre.
De son triomphe affreux je le verrai jouir,
80   Et conter votre honte à qui voudra l'ouïr.
Ah ! que plutôt du ciel la flamme me dévore !
Mais, ne me trompez point, vous est-il cher encore ?
De quel œil voyez-vous ce prince audacieux ?

PHÈDRE

Je le vois comme un monstre effroyable à mes yeux.

ŒNONE

85   Pourquoi donc lui céder une victoire entière ?
Vous le craignez... Osez l'accuser la première
Du crime dont il peut vous charger aujourd'hui.
Qui vous démentira ? Tout parle contre lui :
Son épée en vos mains heureusement[1] laissée,
90   Votre trouble présent, votre douleur passée,
Son père par vos cris dès longtemps prévenu[2],
Et déjà son exil par vous-même obtenu.

PHÈDRE

Moi, que j'ose opprimer et noircir l'innocence !

ŒNONE

Mon zèle n'a besoin que de votre silence.
95   Tremblante comme vous, j'en sens quelques remords ;
Vous me verriez plus prompte affronter mille morts.
Mais puisque je vous perds sans ce triste[3] remède,
Votre vie est pour moi d'un prix à qui tout cède.
Je parlerai. Thésée, aigri[4] par mes avis,
00   Bornera sa vengeance à l'exil de son fils.
Un père, en punissant, Madame, est toujours père :
Un supplice léger suffit à sa colère.
Mais le sang innocent dût-il être versé,
Que ne demande point votre honneur menacé ?

---

1 *Heureusement* : par chance.
2 *Dès longtemps prévenu* : depuis longtemps mal disposé à son égard.
3 *Triste* : funeste. ☞ p. 172.
4 *Aigri* : irrité.

SITUER

Phèdre a envoyé Œnone offrir le pouvoir à Hippolyte. Son retour presque immédiat signifie-t-il l'échec de son ambassade ?

RÉFLÉCHIR

Dramaturgie : *Coup de tonnerre au cœur de la tragédie*

1. Examinez les premiers et les derniers vers de la scène : pourquoi peut-on dire qu'elle est le pivot de l'intrigue ?

2. L'annonce de l'arrivée de Thésée est-elle un coup de théâtre ? Pourquoi ?

3. Relisez la vision que Phèdre se fait de l'avenir proche (v. 840-868). Comment la qualifier ?

4. Quelles perspectives le retour de Thésée laisse-t-il à Phèdre ? Quel est son nouveau choix ? Par quel sentiment est-il dicté ?

Stratégies : *Un plan machiavélique*

5. Repérez les étapes successives du raisonnement d'Œnone. Comment s'y prend-elle pour convaincre Phèdre ? Qu'y a-t-il d'odieux dans ce plan ?

6. Définissez les raisons et les objectifs d'Œnone. Rapprochez cette scène de la scène 3 de l'acte I : a-t-elle changé de stratégie ? de but ? Qu'y a-t-il de touchant dans ce plan ?

7. Une autre tragédie de Racine, *Britannicus*, met en scène un confident machiavélique dont les plans visent aussi à *« opprimer l'innocence »*. Les rôles de Narcisse et d'Œnone sont-ils comparables ? Pourquoi ?

Caractères : *Maîtresse ou servante ?*

8. Étudiez la longueur, la forme et le sens des répliques de Phèdre dans cette scène ; en quoi peut-on parler de « démission » ?

9. Observez de même l'évolution du rôle d'Œnone : que remarquez-vous ?

10. Peut-on dire qu'Œnone est raisonnable face à une Phèdre passionnée ? Pourquoi ? Quel est le sens de cette inversion des rapports ?

11. Comparez cette scène avec la scène 5 de l'acte I : quelles fortes ressemblances remarquez-vous ? Qu'en déduisez-vous sur les caractères respectifs des deux personnages et sur leurs relations ? Qu'est-ce qui différencie leurs conceptions respectives du bien et du mal ?

12. Par quels moyens l'image de la p. 80 souligne-t-elle le rang, le rôle et les relations des deux personnages ?

13. Quels sentiments expriment les visages et les attitudes des deux personnages ? À quel moment de la scène situeriez-vous cette photo ?

5 C'est un trésor trop cher pour oser le commettre[1].
Quelque loi qu'il vous dicte, il faut vous y soumettre,
Madame, et pour sauver votre honneur combattu[2],
Il faut immoler tout, et même la vertu.
On vient ; je vois Thésée.

PHÈDRE

Ah ! je vois Hippolyte ;
10 Dans ses yeux insolents, je vois ma perte écrite.
Fais ce que tu voudras, je m'abandonne à toi.
Dans le trouble où je suis, je ne puis rien pour moi.

Scène 4 : **THÉSÉE, PHÈDRE, HIPPOLYTE,
THÉRAMÈNE, ŒNONE**

THÉSÉE

La fortune[3] à mes yeux cesse d'être opposée,
Madame, et dans vos bras met...

PHÈDRE

Arrêtez, Thésée,
5 Et ne profanez point des transports[4] si charmants :
Je ne mérite plus ces doux empressements ;
Vous êtes offensé. La fortune jalouse
N'a pas en votre absence épargné votre épouse.
Indigne de vous plaire et de vous approcher,
10 Je ne dois désormais songer qu'à me cacher.

---

1 *Commettre* : risquer, exposer au danger.
2 *Combattu* : menacé.
3 *Fortune* : destin.
4 *Transports* : manifestations extérieures d'un sentiment vif, ici la joie des
retrouvailles.

Scène 5 : THÉSÉE, HIPPOLYTE, THÉRAMÈNE

THÉSÉE

Quel est l'étrange accueil qu'on fait à votre père,
Mon fils ?

HIPPOLYTE

Phèdre peut seule expliquer ce mystère.
Mais si mes vœux ardents vous peuvent émouvoir,
Permettez-moi, Seigneur, de ne la plus revoir ;
925 Souffrez que pour jamais le tremblant Hippolyte
Disparaisse des lieux que votre épouse habite.

THÉSÉE

Vous, mon fils, me quitter ?

HIPPOLYTE

Je ne la cherchais pas ;
C'est vous qui sur ces bords conduisîtes ses pas.
Vous daignâtes, Seigneur, aux rives de Trézène
930 Confier en partant Aricie et la reine ;
Je fus même chargé du soin de les garder.
Mais quels soins[1] désormais peuvent me retarder ?
Assez dans les forêts mon oisive jeunesse
Sur de vils ennemis a montré son adresse.
935 Ne pourrai-je, en fuyant un indigne repos,
D'un sang plus glorieux teindre mes javelots ?
Vous n'aviez pas encore atteint l'âge où je touche,
Déjà plus d'un tyran, plus d'un monstre farouche,
Avait de votre bras senti la pesanteur ;
940 Déjà, de l'insolence heureux persécuteur,
Vous aviez des deux mers assuré[2] les rivages.
Le libre voyageur ne craignait plus d'outrages ;
Hercule, respirant sur le bruit de vos coups[3],
Déjà de son travail se reposait sur vous.

---

1 *Soins* : obligations. ☞ p. 172.
2 *Assuré* : rendu sûrs, pacifié.
3 *Respirant ... coups* : soulagé par la renommée de vos exploits.

5   Et moi, fils inconnu d'un si glorieux père,
Je suis même encor loin des traces de ma mère.
Souffrez que mon courage ose enfin s'occuper ;
Souffrez, si quelque monstre a pu vous échapper,
10   Que j'apporte à vos pieds sa dépouille honorable,
Ou que d'un beau trépas la mémoire durable,
Éternisant des jours si noblement finis,
Prouve à tout l'avenir que j'étais votre fils.

THÉSÉE

Que vois-je ? Quelle horreur dans ces lieux répandue
Fait fuir devant mes yeux ma famille éperdue ?
15   Si je reviens si craint et si peu désiré,
Ô ciel ! de ma prison pourquoi m'as-tu tiré ?
Je n'avais qu'un ami[1] ; son imprudente flamme
Du tyran de l'Épire allait ravir la femme ;
Je servais à regret ses desseins amoureux ;
20   Mais le sort irrité nous aveuglait tous deux.
Le tyran m'a surpris sans défense et sans armes.
J'ai vu Pirithoüs, triste objet de mes larmes,
Livré par ce barbare à des monstres cruels
Qu'il nourrissait du sang des malheureux mortels.
25   Moi-même, il m'enferma dans des cavernes sombres,
Lieux profonds, et voisins de l'empire des ombres.
Les dieux, après six mois, enfin m'ont regardé :
J'ai su tromper les yeux de qui[2] j'étais gardé.
D'un perfide ennemi j'ai purgé[3] la nature :
30   À ses monstres lui-même a servi de pâture.
Et lorsque avec transport je pense m'approcher
De tout ce que les dieux m'ont laissé de plus cher[4] ;
Que dis-je ? quand mon âme, à soi-même rendue,
Vient se rassasier d'une si chère vue,
35   Je n'ai pour tout accueil que des frémissements :

---

1 *Pirithoüs*. ☞ p. 170.
2 *De qui* : de ceux par qui.
3 *Purgé* : débarrassé.
4 V. 971-972 : la rime dite *normande* permet d'associer les finales en *-er* à
  consonne prononcée et celles à consonne muette (« *approcher* » / « *cher* »).

Tout fuit, tout se refuse à mes embrassements ;
Et moi-même, éprouvant la terreur que j'inspire,
Je voudrais être encor dans les prisons d'Épire.
Parlez. Phèdre se plaint que je suis outragé.
980 Qui m'a trahi ? Pourquoi ne suis-je pas vengé ?
La Grèce, à qui mon bras fut tant de fois utile,
A-t-elle au criminel accordé quelque asile ?
Vous ne répondez point. Mon fils, mon propre fils,
Est-il d'intelligence[1] avec mes ennemis ?
985 Entrons. C'est trop garder un doute qui m'accable.
Connaissons à la fois le crime et le coupable.
Que Phèdre explique enfin le trouble où je la voi[2].

Scène 6 : HIPPOLYTE, THÉRAMÈNE

HIPPOLYTE

Où tendait ce discours qui m'a glacé d'effroi ?
Phèdre, toujours en proie à sa fureur extrême,
990 Veut-elle s'accuser et se perdre elle-même ?
Dieux ! que dira le roi ? Quel funeste poison
L'amour a répandu sur toute sa maison !
Moi-même, plein d'un feu[3] que sa haine réprouve,
Quel il m'a vu jadis, et quel[4] il me retrouve !
995 De noirs pressentiments viennent m'épouvanter.
Mais l'innocence enfin n'a rien à redouter.
Allons, cherchons ailleurs par quelle heureuse adresse[5]
Je pourrai de mon père émouvoir la tendresse,
Et lui dire un amour qu'il peut vouloir troubler,
1000 Mais que tout son pouvoir ne saurait ébranler.

---

1 *D'intelligence* : de connivence.
2 *Voi* : voir le v. 155.
3 *Feu* : passion. ☞ p. 171.
4 *Quel* : dans quel état.
5 *Adresse* : ruse. ☞ p. 171.

Thésée paraît enfin : Phèdre, suivant en cela les conseils d'Œnone, va-t-elle mentir et accuser Hippolyte ? Celui-ci parlera-t-il le premier ?

RÉFLÉCHIR

Structure : *Le rythme de la machine infernale*

1. Comparez les trois scènes deux à deux (4 et 5, 4 et 6) : quelles ressemblances et quels échos offrent-elles ? Quel est l'effet dramatique (☞ p. 173) de cette forte cohésion ? Pourquoi ce choix de Racine en fin d'acte ?

Dramaturgie : *Une dangereuse ambiguïté*

2. Quel est le double sens des paroles de Phèdre dans la scène 4 ? et des répliques d'Hippolyte dans la scène 5 ? Peut-on parler de quiproquo (☞ p. 174) ? Pourquoi ?

3. En quoi les propos équivoques d'Hippolyte sont-ils imprudents ? Le jeune homme est-il conscient du danger que lui fait courir son discours suspect ? Pourquoi ?

4. Quelle situation le spectateur voit-il peu à peu se profiler ?

Genres : *Vrais ou faux monologues ?*

5. Pourquoi la longue tirade de Thésée (v. 953-987) s'apparente-t-elle de façon évidente au monologue (☞ p. 174) ? Pourquoi n'en est-ce pas un ?

6. D'après l'étude des temps verbaux, déterminez les deux étapes de cette tirade. Qu'exprime cette dualité ?

7. Quel est l'intérêt dramatique du récit de Thésée ? Intervient-il de façon naturelle ? Pourquoi ? Quel est le sens symbolique de ce récit et du contraste qu'il crée avec la fin de la tirade ?

8. La tirade d'Hippolyte aux v. 988-1000 est-elle un monologue ? Justifiez votre réponse. Quelles ressemblances et quelles différences voyez-vous entre cette scène et la scène 2 de l'acte III ? Qu'en déduire ?

9. Quelles sont les erreurs commises par le jeune homme dans son raisonnement ? Quelle en est la cause ? Quel est l'effet sur le spectateur ?

Caractères : *Tel père, tel fils ?*

10. Quelle est la double image de Thésée retenue par le spectateur ? Quelle est celle qui l'emporte ?

11. Comment se traduit le désarroi du père et de l'époux dans les scènes 4 et 5 ? D'après les v. 979 à 987, quelle réaction devons-nous craindre de sa part ?

12. Est-ce uniquement pour détourner la conversation que, dans la scène 5, Hippolyte insiste tant sur son désir de ressembler à Thésée ? Quel est le sens symbolique de cette tentative d'identification ?

◥ L'action : la crise et le silence

1. L'acte III occupe le cœur de la tragédie : le dénouement se rapproche de façon insensible mais inéluctable. Quels éléments décisifs et irréversibles menant à la catastrophe finale Racine concentre-t-il dans cet acte ? Quels espoirs sont ruinés ? Lesquels conservent encore une chance ?

2. La « machine infernale » de la tragédie, en marche depuis le début de la pièce, paraît s'emballer à l'acte III. Comment se traduisent cette accélération du rythme et l'affolement des personnages pris au piège ?

3. Dans les scènes 4 et 5, Phèdre et Hippolyte se sont privés de l'initiative de la parole pour accuser l'autre ou pour se disculper. Leurs silences respectifs ont-ils la même valeur ? Pourquoi ?

4. En vous reportant à la structure de *Phèdre* (☞ p. 155), repérez la présence et la prise de parole des confidents : en quoi peut-on dire qu'ils incarnent chacun un aspect de la fatalité ?

5. Quel lien voyez-vous entre les monologues et l'appesantissement de la fatalité tragique ?

◥ Les personnages : réactions face au destin

6. Thésée n'entre en scène qu'à la scène 4 de l'acte III. Les autres personnages parlaient pourtant de lui dès les premiers vers de la tragédie. En quoi l'image que nous avons de Thésée dans cet acte est-elle décalée par rapport à ce qu'en disaient Hippolyte, Aricie et Phèdre ? Quel effet produit ce décalage ?

7. Phèdre et Hippolyte sont atterrés par le retour de Thésée. Mais Phèdre est secondée par un double zélé alors qu'Hippolyte nous paraît livré à lui-même. Comparez les réactions d'Œnone (scène 3) et d'Hippolyte (scène 6) dans cette situation dramatique : qui réagit de façon à faire face à la catastrophe ? Dans l'urgence du temps tragique, qui paraît désigné pour être la victime ? Pourquoi ?

8. Face au silence général, Thésée éprouve inquiétude et angoisse : comment essaie-t-il de conjurer ce malaise ? Pourquoi est-ce un échec ?

9. Théramène ne joue pas auprès d'Hippolyte un rôle de conseiller aussi proche et actif qu'Œnone avec Phèdre : quel est l'intérêt psychologique, dramatique et tragique de cette dissymétrie ?

Acte IV

Scène 1 : THÉSÉE, ŒNONE

THÉSÉE

Ah ! qu'est-ce que j'entends ? Un traître, un téméraire
Préparait cet outrage à l'honneur de son père ?
Avec quelle rigueur, Destin, tu me poursuis !
Je ne sais où je vais, je ne sais où je suis.
1005 Ô tendresse ! ô bonté trop mal récompensée !
Projets audacieux ! détestable pensée !
Pour parvenir au but de ses noires amours,
L'insolent de la force empruntait le secours !
J'ai reconnu le fer[1], instrument de sa rage,
1010 Ce fer dont je l'armai pour un plus noble usage.
Tous les liens du sang n'ont pu le retenir !
Et Phèdre différait à le faire punir !
Le silence de Phèdre épargnait le coupable !

ŒNONE

Phèdre épargnait plutôt un père déplorable[2].
1015 Honteuse du dessein d'un amant furieux[3]
Et du feu criminel qu'il a pris dans ses yeux,
Phèdre mourait, Seigneur, et sa main meurtrière[4]
Éteignait de ses yeux l'innocente lumière.
J'ai vu lever le bras, j'ai couru la sauver ;
1020 Moi seule à votre amour j'ai su la conserver,

---

1 Il s'agit de l'épée d'Hippolyte.
2 *Déplorable* : qui mérite d'être plaint. ☞ p. 171.
3 *Furieux* : pris d'une folle passion. ☞ p. 172.
4 Celle de Phèdre (voir le v. 1019).

SITUER

Phèdre a remis son sort entre les mains d'Œnone. Celle-ci met à exécution ses noirs desseins : elle vient d'accuser Hippolyte du propre crime de Phèdre.

RÉFLÉCHIR

Dramaturgie : *Un début d'acte fracassant*

1. Observez la ponctuation et la longueur des phrases dans la première réplique de la scène. Caractérisez le rythme et le ton. Quel est l'effet produit sur le spectateur ? Sur quel procédé dramaturgique (☞ p. 173) cela repose-t-il ?

2. Imaginez que le rideau se soit levé dès le début du tête-à-tête entre Thésée et Œnone. Qui aurait occupé le devant de la scène ? Quelle aurait été la tonalité dominante de ce début d'acte ? Quel est l'intérêt dramatique (☞ p. 173) du traitement adopté par Racine ?

Stratégies : *Mentir en disant la vérité*

3. À quels épisodes antérieurs de l'histoire de Phèdre Œnone fait-elle allusion successivement ? Quelle est la part d'invention dans son discours ? Quel mot emploie-t-elle qui résumerait bien sa démarche ? Comment détourne-t-elle ainsi la colère de Thésée dans les v. 1014 à 1022 ?

4. Justifiez le laconisme (☞ p. 174) et le départ précipité d'Œnone à la fin de la scène. Que dire de son attitude face au mensonge ?

Thèmes : *Lorsque la colère devient fatalité…*

5. Quel indice emporte l'adhésion de Thésée ? Citez deux autres indices, convaincants pour Thésée, qui peuvent paraître douteux. Pourquoi ? Comment se justifie cet aveuglement ? Quelle peut en être la portée ?

6. Cherchez le sens de l'expression *ironie tragique* (☞ p. 174). À quels vers peut-elle s'appliquer ? Où l'ironie est-elle la plus cruelle ? Pourquoi ?

Mise en scène : *Pouvoir et manipulation*

7. Quels gestes et quels mouvements feriez-vous faire à chacun des deux personnages ? Pourquoi ?

Et plaignant à la fois son trouble et vos alarmes[1],
J'ai servi, malgré moi, d'interprète à ses larmes.

THÉSÉE

Le perfide ! il n'a pu s'empêcher de pâlir ;
De crainte, en m'abordant, je l'ai vu tressaillir.
1025 Je me suis étonné de son peu d'allégresse ;
Ses froids embrassements ont glacé ma tendresse.
Mais ce coupable amour dont il est dévoré
Dans Athènes déjà s'était-il déclaré ?

ŒNONE

Seigneur, souvenez-vous des plaintes de la reine :
1030 Un amour criminel causa toute sa haine.

THÉSÉE

Et ce feu dans Trézène a donc recommencé ?

ŒNONE

Je vous ai dit, Seigneur, tout ce qui s'est passé.
C'est trop laisser la reine à sa douleur mortelle ;
Souffrez que je vous quitte et me range[2] auprès d'elle.

Scène 2 : **THÉSÉE, HIPPOLYTE**

THÉSÉE

1035 Ah ! le voici. Grands dieux ! à ce noble maintien
Quel œil ne serait pas trompé comme le mien ?
Faut-il que sur le front d'un profane[3] adultère
Brille de la vertu le sacré caractère[4] ?
Et ne devrait-on pas à des signes certains
1040 Reconnaître le cœur des perfides humains ?

---

1 *Alarmes* : inquiétudes.
2 *Me range* : reprenne ma place.
3 *Profane* : sacrilège ; Hippolyte aurait violé les liens sacrés du mariage.
4 *Caractère* : signe, marque.

HIPPOLYTE

 Puis-je vous demander quel funeste nuage,
 Seigneur, a pu troubler votre auguste[1] visage ?
 N'osez-vous confier ce secret à ma foi[2] ?

THÉSÉE

 Perfide, oses-tu bien te montrer devant moi ?
 Monstre, qu'a trop longtemps épargné le tonnerre,
 Reste impur des brigands dont j'ai purgé la terre,
 Après que le transport[3] d'un amour plein d'horreur
 Jusqu'au lit de ton père a porté sa fureur,
 Tu m'oses présenter une tête[4] ennemie !
 Tu parais dans des lieux pleins de ton infamie,
 Et ne vas pas chercher, sous un ciel inconnu,
 Des pays où mon nom ne soit point parvenu !
 Fuis, traître ! Ne viens point braver ici ma haine,
 Et tenter un courroux que je retiens à peine[5].
 C'est bien assez pour moi de l'opprobre[6] éternel
 D'avoir pu mettre au jour un fils si criminel,
 Sans que ta mort encor, honteuse à ma mémoire[7],
 De mes nobles travaux[8] vienne souiller la gloire.
 Fuis ; et si tu ne veux qu'un châtiment soudain
 T'ajoute aux scélérats qu'a punis cette main,
 Prends garde que jamais l'astre qui nous éclaire
 Ne te voie en ces lieux mettre un pied téméraire.
 Fuis, dis-je ; et sans retour précipitant tes pas,
 De ton horrible aspect purge[9] tous mes États.
 Et toi, Neptune, et toi, si jadis mon courage
 D'infâmes assassins nettoya ton rivage,
 Souviens-toi que pour prix de mes efforts heureux

---

1 *Auguste* : noble, vénérable.
2 *Foi* : fidélité à la parole donnée. ☞ p. 171.
3 *Transport* : élan.
4 *Tête* : personne. ☞ p. 172.
5 *À peine* : avec peine, difficilement.
6 *Opprobre* : honte, déshonneur.
7 *À ma mémoire* : au souvenir que je laisserai de moi.
8 *Travaux* : exploits. ☞ p. 172.
9 *Purge* : débarrasse.

Tu promis d'exaucer le premier de mes vœux.
Dans les longues rigueurs d'une prison cruelle[1],
1070 Je n'ai point imploré ta puissance immortelle.
Avare du[2] secours que j'attends de tes soins,
Mes vœux t'ont réservé pour de plus grands besoins :
Je t'implore aujourd'hui. Venge un malheureux père.
J'abandonne ce traître à toute ta colère ;
1075 Étouffe dans son sang ses désirs effrontés :
Thésée à tes fureurs connaîtra[3] tes bontés.

HIPPOLYTE

D'un amour criminel Phèdre accuse Hippolyte !
Un tel excès d'horreur rend mon âme interdite ;
Tant de coups imprévus m'accablent à la fois
1080 Qu'ils m'ôtent la parole et m'étouffent la voix.

THÉSÉE

Traître, tu prétendais qu'en un lâche silence
Phèdre ensevelirait ta brutale insolence.
Il fallait, en fuyant, ne pas abandonner
Le fer qui dans ses mains aide à te condamner ;
1085 Ou plutôt il fallait, comblant[4] ta perfidie,
Lui ravir tout d'un coup[5] la parole et la vie.

HIPPOLYTE

D'un mensonge si noir justement irrité,
Je devrais faire ici parler la vérité,
Seigneur ; mais je supprime[6] un secret qui vous touche.
1090 Approuvez le respect qui me ferme la bouche,
Et sans vouloir vous-même augmenter vos ennuis[7],
Examinez ma vie, et songez qui je suis.
Quelques crimes toujours précèdent les grands crimes.

---

1 Thésée est resté prisonnier des Enfers. ☞ p. 21-22 et *Pirithoüs*, p. 170.
2 *Avare de* : ayant conservé précieusement.
3 *Connaîtra* : reconnaîtra.
4 *Comblant* : mettant le comble à.
5 *Tout d'un coup* : d'un même coup, en même temps. ☞ p. 172.
6 *Supprime* : tais.
7 *Ennuis* : tourments. ☞ p. 171.

Quiconque a pu franchir les bornes légitimes[1]
Peut violer enfin[2] les droits les plus sacrés ;
Ainsi que la vertu, le crime a ses degrés,
Et jamais on n'a vu la timide innocence
Passer subitement à l'extrême licence[3].
Un jour seul ne fait point d'un mortel vertueux
Un perfide assassin, un lâche incestueux.
Élevé dans le sein d'une chaste héroïne,
Je n'ai point de son sang démenti l'origine.
Pitthée[4], estimé sage entre tous les humains,
Daigna m'instruire encore au sortir de ses mains[5].
Je ne veux point me peindre avec trop d'avantage ;
Mais si quelque vertu m'est tombée en partage,
Seigneur, je crois surtout avoir fait éclater
La haine des forfaits qu'on ose m'imputer.
C'est par là qu'Hippolyte est connu dans la Grèce.
J'ai poussé la vertu jusques à la rudesse.
On sait de mes chagrins[6] l'inflexible rigueur.
Le jour n'est pas plus pur que le fond de mon cœur.
Et l'on veut qu'Hippolyte, épris d'un feu profane...

THÉSÉE

Oui, c'est ce même orgueil, lâche, qui te condamne.
Je vois de tes froideurs le principe odieux :
Phèdre seule charmait[7] tes impudiques yeux,
Et pour tout autre objet[8] ton âme indifférente
Dédaignait de brûler d'une flamme innocente.

HIPPOLYTE

Non, mon père, ce cœur, c'est trop vous le celer[9],
N'a point d'un chaste amour dédaigné de brûler.

---

1 *Bornes légitimes* : les limites fixées par les lois.
2 *Enfin* : à la fin.
3 *Licence* : débauche.
4 *Pitthée* : roi de Trézène, grand-père maternel de Thésée. ☞ p. 143, 170.
5 Celles d'Antiope, la « chaste héroïne ».
6 *Mes chagrins* : mes humeurs austères. ☞ p. 171.
7 *Charmait* : attirait comme par magie.
8 *Objet* : femme digne d'être aimée. ☞ p. 172.
9 *Celer* : cacher.

Je confesse à vos pieds ma véritable offense :
J'aime, j'aime, il est vrai, malgré votre défense.
Aricie à ses lois tient mes vœux[1] asservis ;
La fille de Pallante a vaincu votre fils.
1125 Je l'adore, et mon âme, à vos ordres rebelle,
Ne peut ni soupirer ni brûler que pour elle.

THÉSÉE

Tu l'aimes ? Ciel ! Mais non, l'artifice est grossier ;
Tu te feins criminel pour te justifier.

HIPPOLYTE

Seigneur, depuis six mois je l'évite, et je l'aime.
1130 Je venais, en tremblant, vous le dire à vous-même.
Hé quoi ! de votre erreur rien ne vous peut tirer ?
Par quel affreux serment faut-il vous rassurer ?
Que la terre, le ciel, que toute la nature...

THÉSÉE

Toujours les scélérats ont recours au parjure.
1135 Cesse, cesse, et m'épargne un importun discours,
Si ta fausse vertu n'a point d'autre secours.

HIPPOLYTE

Elle vous paraît fausse et pleine d'artifice.
Phèdre au fond de son cœur me rend plus de justice.

THÉSÉE

Ah ! que ton impudence excite mon courroux !

HIPPOLYTE

1140 Quel temps à mon exil, quel lieu prescrivez-vous ?

THÉSÉE

Fusses-tu par delà les colonnes d'Alcide[2],
Je me croirais encor trop voisin d'un perfide.

HIPPOLYTE

Chargé du crime affreux dont vous me soupçonnez,

---

1 *Mes vœux* : mon amour. ☞ p. 172.
2 *Colonnes d'Alcide* (ou colonnes d'Hercule) : détroit de Gibraltar ; c'était
le point d'avancée extrême des voyages d'Hercule au-delà duquel, pour
les Anciens, s'ouvrait l'inconnu.

Résolu à avouer à son père son amour pour Aricie, Hippolyte paraît. Mais Œnone vient de convaincre Thésée de la culpabilité de son fils...

RÉFLÉCHIR

Tons : *La colère dans tous ses états*

1. Relevez les mots qui marquent le jugement de Thésée sur Hippolyte. Observez leur position dans le vers. Dans quelle atmosphère la scène se déroule-t-elle ? En quoi le projet initial d'Hippolyte se trouve-t-il dénaturé ?

2. Quelle anaphore (☞ p. 173) vient scander la première partie de la tirade de Thésée (v. 1044-1064) ? Quel est l'effet produit ? Quel en est l'aboutissement ?

Thèmes : *Quand Neptune s'allie à Vénus...*

3. Quel est le rôle de la prière à Neptune (v. 1065-1076) ? Quel vers de la scène précédente peut-elle illustrer ? Pourquoi ? Quel thème réapparaît ainsi ?

4. Sous quels traits les dieux sont-ils représentés dans la pièce ?

Caractères : *Thésée abandonné dans le labyrinthe des signes*

5. Dans sa *Mise en scène de « Phèdre »*, Jean-Louis Barrault indique au v. 1127, après *« Ciel ! »* : *« Grand temps »*. Que signifierait ce silence ? Comment interpréter dans cette perspective la longue réplique d'Hippolyte (v. 1087-1113) ? Quel titre proposeriez-vous alors pour cette partie intermédiaire de la scène ? Quel est son intérêt dramatique (☞ p. 173) ?

6. Dans quelle position Thésée se trouve-t-il aux yeux du spectateur ? Et Hippolyte ? Pourquoi ?

Stratégies : *Hippolyte, le héros silencieux*

7. À quels arguments Hippolyte recourt-il successivement pour se défendre ? Ont-ils tous la même valeur tactique ?

8. Quelles contraintes impose-t-il à son propre discours ? À quel propos ? Par quels moyens ?

9. De quoi la *« vertu »* (v. 1110) d'Hippolyte se compose-t-elle à ses propres yeux ? Et pour le spectateur ?

10. À quels moments Hippolyte paraît-il pathétique ? Pourquoi ?

11. *« Le jour n'est pas plus pur que le fond de mon cœur »* (v. 1112) : comment le vers crée-t-il, avec son rythme et ses sonorités, une impression de limpidité ? Quel autre vers lui fait écho dans la dernière partie de la scène (v. 1134-1156) ? Quelle en est la portée ?

12. Comment s'expriment sur la photo en haut de la p. 99 les sentiments des deux personnages ?

Quels amis me plaindront, quand vous m'abandonnez ?

THÉSÉE

1145 Va chercher des amis dont l'estime funeste
Honore l'adultère, applaudisse à l'inceste,
Des traîtres, des ingrats, sans honneur et sans loi,
Dignes de protéger un méchant[1] tel que toi.

HIPPOLYTE

Vous me parlez toujours d'inceste et d'adultère.
1150 Je me tais. Cependant Phèdre sort d'une mère,
Phèdre est d'un sang[2], Seigneur, vous le savez trop bien,
De toutes ces horreurs plus rempli que le mien.

THÉSÉE

Quoi ? ta rage à mes yeux perd toute retenue ?
Pour la dernière fois, ôte-toi de ma vue.
1155 Sors, traître ; n'attends pas qu'un père furieux
Te fasse avec opprobre arracher de ces lieux.

Scène 3 : **THÉSÉE**, *seul.*

Misérable, tu cours à ta perte infaillible !
Neptune, par le fleuve aux dieux mêmes terrible[3],
M'a donné sa parole, et va l'exécuter.
1160 Un dieu vengeur te suit, tu ne peux l'éviter.
Je t'aimais ; et je sens que malgré ton offense
Mes entrailles pour toi se troublent par avance.
Mais à te condamner tu m'as trop engagé[4].
Jamais père en effet fut-il plus outragé ?
1165 Justes dieux, qui voyez la douleur qui m'accable,
Ai-je pu mettre au jour un enfant si coupable ?

---

1 *Méchant* : scélérat.
2 *Sang* : famille.
3 Le Styx, fleuve des Enfers, par lequel juraient les Anciens. Le serment était alors irrévocable sous peine de châtiments effroyables.
4 *Engagé* : poussé.

Alain Cuny (THÉSÉE) et Claude Giraud (HIPPOLYTE) dans la mise en scène de Raymond Gérôme, théâtre du Gymnase, 1963.

Alain Cuny (THÉSÉE) dans la mise en scène de Jean Vilar, T.N.P., 1957.

Scène 4 : THÉSÉE, PHÈDRE

PHÈDRE

 Seigneur, je viens à vous, pleine d'un juste effroi.
 Votre voix redoutable a passé[1] jusqu'à moi.
 Je crains qu'un prompt effet n'ait suivi la menace.
1170 S'il en est temps encore, épargnez votre race[2],
 Respectez votre sang, j'ose vous en prier.
 Sauvez-moi de l'horreur de l'entendre crier[3] ;
 Ne me préparez point la douleur éternelle
 De l'avoir fait répandre à la main paternelle.

THÉSÉE

1175 Non, Madame, en mon sang ma main n'a point trempé ;
 Mais l'ingrat toutefois ne m'est point échappé.
 Une immortelle main de sa perte est chargée ;
 Neptune me la doit, et vous serez vengée.

PHÈDRE

 Neptune vous la doit ! Quoi ? vos vœux irrités...

THÉSÉE

1180 Quoi ! craignez-vous déjà qu'ils ne soient écoutés ?
 Joignez-vous bien plutôt à mes vœux légitimes.
 Dans toute leur noirceur retracez-moi ses crimes ;
 Échauffez mes transports[4] trop lents, trop retenus.
 Tous ses crimes encor ne vous sont point connus.
1185 Sa fureur contre vous se répand en injures ;
 Votre bouche, dit-il, est pleine d'impostures ;
 Il soutient qu'Aricie a son cœur, a sa foi[5],
 Qu'il l'aime.

---

1 *A passé* : est parvenue.
2 *Votre race* : ici, votre fils.
3 *Crier* : réclamer vengeance (image biblique).
4 *Échauffez mes transports* : excitez ma colère.
5 *Foi* : promesse d'amour fidèle. ☞ p. 171.

PHÈDRE

      Quoi, Seigneur !

THÉSÉE

                     Il l'a dit devant moi,
Mais je sais rejeter un frivole[1] artifice.
Espérons de Neptune une prompte justice.
Je vais moi-même encore au pied de ses autels
Le presser d'accomplir ses serments immortels.

Scène 5 : **PHÈDRE**, *seule.*

Il sort. Quelle nouvelle a frappé mon oreille ?
Quel feu mal étouffé dans mon cœur se réveille ?
Quel coup de foudre, ô ciel ! et quel funeste avis[2] !
Je volais tout entière au secours de son fils,
Et m'arrachant des bras d'Œnone épouvantée,
Je cédais au remords dont j'étais tourmentée.
Qui sait même où m'allait porter ce repentir ?
Peut-être à m'accuser j'aurais pu consentir ;
Peut-être, si la voix ne m'eût été coupée,
L'affreuse vérité me serait échappée.
Hippolyte est sensible[3], et ne sent rien pour moi !
Aricie a son cœur ! Aricie a sa foi !
Ah, dieux ! Lorsqu'à mes vœux l'ingrat inexorable
S'armait d'un œil si fier, d'un front si redoutable,
Je pensais qu'à l'amour son cœur toujours fermé
Fût[4] contre tout mon sexe également armé.

---

1 *Frivole* : inconsistant, sans fondement.
2 *Funeste avis* : mortelle nouvelle. ☞ p. 171.
3 *Sensible* : capable d'amour.
4 *Fût* : était (subjonctif de supposition).

Hippolyte, sur qui Thésée a appelé la colère divine de Neptune, vient de quitter le palais. Est-il donc condamné ? N'y a-t-il plus rien qui puisse encore le sauver ?

RÉFLÉCHIR

Structure : *Thésée ou le retour du père ?*

1. Comment se répartissent, dans la scène 3, les phases de détermination de l'époux offensé et celles où éclate enfin la souffrance du père ? Comment interprétez-vous cela ? Relevez, dans la scène 4, d'autres indices de son état psychologique.

Caractères : *Phèdre ou l'égarement*

2. À quel vers de la scène 4 le v. 1204 fait-il écho ? Qu'en déduisez-vous sur l'état de Phèdre ? Comment le rendre sensible dans le ton et le jeu de l'actrice ?

3. Quels sont les deux pôles d'intérêt du monologue de Phèdre ? La scène 5 vous semble-t-elle apporter des informations capitales sur le plan dramatique (☞ p. 173) ?

4. Quels sont les sentiments du spectateur à l'égard de Phèdre à la fin de la scène 4 ? à la fin de la scène 5 ? Quel est donc l'intérêt du monologue ?

Dramaturgie : *Le sort en est jeté...*

5. En quoi Thésée se méprend-il, une fois de plus, en interprétant la réaction de Phèdre (v. 1189) ? Quelles pourraient être néanmoins les causes profondes de son aveuglement ? Sa lucidité aurait-elle pu sauver Hippolyte ?

6. La scène 4 est bâtie autour d'un double retournement de situation : lequel ? Que dire du rythme de la scène ? Qu'est-ce que le spectateur peut ainsi pressentir ?

7. Thésée décide, Phèdre supplie : où réside ici l'ironie tragique (☞ p. 174) ?

Mise en scène : *Pouvoir et solitude*

8. À quel(s) passage(s) des scènes 3 et 4 la photo du bas de p. 99 pourrait-elle correspondre ? Que marque le visage de Thésée ? Comment la photo souligne-t-elle son état d'âme ? Vous paraît-il ici plutôt pathétique ou plutôt tragique ?

Une autre cependant a fléchi son audace[1] ;
Devant ses yeux cruels une autre a trouvé grâce ;
Peut-être a-t-il un cœur facile à s'attendrir.
Je suis le seul objet[2] qu'il ne saurait souffrir,
Et je me chargerais du soin de le défendre ?

Scène 6 : PHÈDRE, ŒNONE

PHÈDRE

Chère Œnone, sais-tu ce que je viens d'apprendre ?

ŒNONE

Non ; mais je viens tremblante, à ne vous point mentir.
J'ai pâli du dessein qui vous a fait sortir ;
J'ai craint une fureur à vous-même fatale.

PHÈDRE

Œnone, qui l'eût cru ? j'avais une rivale !

ŒNONE

Comment ?

PHÈDRE

Hippolyte aime, et je n'en puis douter.
Ce farouche ennemi qu'on ne pouvait dompter,
Qu'offensait le respect, qu'importunait la plainte,
Ce tigre, que jamais je n'abordai sans crainte,
Soumis, apprivoisé, reconnaît un vainqueur :
Aricie a trouvé le chemin de son cœur.

ŒNONE

Aricie ?

---

1 *Audace* : ici, fierté indifférente à l'amour.
2 *Objet* : personne susceptible d'être aimée. ☞ p. 172.

PHÈDRE

Ah ! douleur non encore éprouvée !
À quel nouveau tourment je me suis réservée !
Tout ce que j'ai souffert, mes craintes, mes transports,
La fureur de mes feux, l'horreur de mes remords,
Et d'un cruel refus l'insupportable injure,
N'était qu'un faible essai[1] du tourment que j'endure.
Ils s'aiment ! Par quel charme[2] ont-ils trompé mes yeux ?
Comment se sont-ils vus ? Depuis quand ? Dans quels lieux ?
Tu le savais. Pourquoi me laissais-tu séduire[3] ?
De leur furtive[4] ardeur ne pouvais-tu m'instruire ?
Les a-t-on vus souvent se parler, se chercher ?
Dans le fond des forêts allaient-ils se cacher ?
Hélas ! ils se voyaient avec pleine licence[5].
Le ciel de leurs soupirs approuvait l'innocence ;
Ils suivaient sans remords leur penchant amoureux ;
Tous les jours se levaient clairs et sereins pour eux.
Et moi, triste rebut de la nature entière,
Je me cachais au jour, je fuyais la lumière.
La mort est le seul dieu que j'osais implorer.
J'attendais le moment où j'allais expirer ;
Me nourrissant de fiel[6], de larmes abreuvée,
Encor dans mon malheur de trop près observée,
Je n'osais dans mes pleurs me noyer à loisir.
Je goûtais en tremblant ce funeste[7] plaisir,
Et sous un front serein déguisant mes alarmes[8],
Il fallait bien souvent me priver de mes larmes.

ŒNONE

Quel fruit recevront-ils de leurs vaines amours ?
Ils ne se verront plus.

---

1 *Essai* : aperçu.
2 *Charme* : magie, enchantement.
3 *Séduire* : tromper. ☞ p. 172.
4 *Furtive* : secrète.
5 *Avec pleine licence* : en toute liberté.
6 *Fiel* : amertume.
7 *Funeste* : mortel.
8 *Alarmes* : désespoir.

PHÈDRE

Ils s'aimeront toujours !

Au moment que je parle, ah ! mortelle pensée !
Ils bravent la fureur d'une amante[1] insensée.
Malgré ce même exil[2] qui va les écarter[3],
Ils font mille serments de ne se point quitter.
Non, je ne puis souffrir un bonheur qui m'outrage,
Œnone ; prends pitié de ma jalouse rage ;
Il faut perdre[4] Aricie, il faut de mon époux
Contre un sang odieux[5] réveiller le courroux.
Qu'il ne se borne pas à des peines légères :
Le crime de la sœur passe[6] celui des frères.
Dans mes jaloux transports je le veux implorer.
Que fais-je ? Où ma raison se va-t-elle égarer ?
Moi jalouse ! Et Thésée est celui que j'implore !
Mon époux est vivant, et moi je brûle encore !
Pour qui ? Quel est le cœur où prétendent mes vœux[7] ?
Chaque mot sur mon front fait dresser mes cheveux.
Mes crimes désormais ont comblé la mesure.
Je respire à la fois l'inceste et l'imposture ;
Mes homicides mains, promptes à me venger,
Dans le sang innocent brûlent de se plonger.
Misérable ! Et je vis ? Et je soutiens la vue
De ce sacré soleil dont je suis descendue ?
J'ai pour aïeul le père et le maître des dieux[8] ;
Le ciel, tout l'univers est plein de mes aïeux ;
Où me cacher ? Fuyons dans la nuit infernale[9].
Mais que dis-je ? Mon père y tient l'urne fatale[10] ;
Le sort, dit-on, l'a mise en ses sévères mains :

---

1 *Amante* : ici, femme qui aime. ☞ p. 171.
2 *Ce même exil* : cet exil même.
3 *Écarter* : séparer.
4 *Perdre* : faire périr.
5 *Un sang odieux* : une famille qu'il déteste (les Pallantides ☞ p. 170).
6 *Passe* : dépasse.
7 *Où prétendent mes vœux* : que mon amour convoite.
8 Jupiter. ☞ p. 143.
9 *Infernale* : des Enfers.
10 *Urne fatale* : urne d'où l'on tirait le sort des morts quand on les jugeait.

1280   Minos juge aux enfers tous les pâles[1] humains.
Ah ! combien frémira son ombre épouvantée,
Lorsqu'il verra sa fille à ses yeux présentée,
Contrainte d'avouer tant de forfaits divers,
Et des crimes peut-être inconnus aux enfers !
1285   Que diras-tu, mon père, à ce spectacle horrible ?
Je crois voir de ta main tomber l'urne terrible,
Je crois te voir, cherchant un supplice nouveau,
Toi-même de ton sang[2] devenir le bourreau.
Pardonne ! Un dieu cruel[3] a perdu ta famille :
1290   Reconnais sa vengeance aux fureurs[4] de ta fille.
Hélas ! du crime affreux dont la honte me suit
Jamais mon triste cœur n'a recueilli le fruit ;
Jusqu'au dernier soupir de malheurs poursuivie,
Je rends dans les tourments une pénible vie.

ŒNONE

1295   Hé ! repoussez, Madame, une injuste[5] terreur !
Regardez d'un autre œil une excusable erreur.
Vous aimez. On ne peut vaincre sa destinée.
Par un charme fatal[6] vous fûtes entraînée.
Est-ce donc un prodige inouï parmi nous ?
1300   L'amour n'a-t-il encor triomphé que de vous ?
La faiblesse aux humains n'est que trop naturelle ;
Mortelle, subissez le sort d'une mortelle.
Vous vous plaignez d'un joug imposé dès[7] longtemps :
Les dieux mêmes, les dieux, de l'Olympe[8] habitants,
1305   Qui d'un bruit si terrible épouvantent les crimes[9],
Ont brûlé quelquefois de feux illégitimes.

---

1 À leur mort, les hommes deviennent des ombres fantomatiques.
2 *Sang* : ici, enfant, fille.
3 Vénus. ☞ p. 144, 170.
4 *Fureurs* : folies.
5 *Injuste* : injustifiée.
6 *Charme fatal* : sortilège du destin.
7 *Dès* : depuis.
8 *Olympe* : montagne de Grèce qui passait pour être la résidence des dieux.
   ☞ p. 143.
9 Les dieux rendent les crimes épouvantables en évoquant les châtiments
terribles qu'ils entraînent.

PHÈDRE

Qu'entends-je ? Quels conseils ose-t-on me donner ?
Ainsi donc jusqu'au bout tu veux m'empoisonner,
Malheureuse ? Voilà comme tu m'as perdue.
Au jour que je fuyais c'est toi qui m'as rendue ;
Tes prières m'ont fait oublier mon devoir ;
J'évitais Hippolyte, et tu me l'as fait voir.
De quoi te chargeais-tu ? Pourquoi ta bouche impie
A-t-elle, en l'accusant, osé noircir sa vie ?
Il en mourra peut-être, et d'un père insensé
Le sacrilège[1] vœu peut-être est exaucé.
Je ne t'écoute plus. Va-t'en, monstre exécrable ;
Va, laisse-moi le soin de mon sort déplorable[2].
Puisse le juste ciel dignement te payer ;
Et puisse ton supplice à jamais effrayer
Tous ceux qui, comme toi, par de lâches adresses[3],
Des princes malheureux nourrissent les faiblesses,
Les poussent au penchant où leur cœur est enclin,
Et leur osent du crime aplanir le chemin !
Détestables flatteurs, présent le plus funeste
Que puisse faire aux rois la colère céleste !

ŒNONE, *seule.*

Ah ! dieux ! pour la servir j'ai tout fait, tout quitté,
Et j'en reçois ce prix ? Je l'ai bien mérité.

---

1 *Sacrilège* : criminel car Thésée, à son insu, punit un innocent.
2 *Déplorable* : digne d'être plaint.
3 *Adresses* : ruses, fourberies. ☞ p. 171.

SITUER

Phèdre qui, dans un dernier élan d'énergie, s'était arrachée aux bras d'Œnone pour dévoiler la vérité à Thésée, a reçu de plein fouet la nouvelle de l'amour d'Hippolyte pour Aricie. Œnone reparaît alors.

RÉFLÉCHIR

Structure : *Des oppositions déchirantes*

1. Étudiez les pronoms personnels (v. 1225-1258). Quels rapports se dessinent ainsi entre les personnages ? Quel(s) sentiment(s) se révèle(nt) ainsi chez Phèdre ?

2. Analysez plus précisément les v. 1239-1242. Observez le rythme, la position des pronoms dans le vers. Comment l'état d'âme des personnages se trouve-t-il évoqué ?

3. En quoi le v. 1254 donne-t-il une expression nouvelle à ces oppositions ? Comment interprétez-vous cela ?

Tons : *Phèdre, une souffrance insondable*

4. Où les pauses sont-elles disposées dans un alexandrin (☞ p. 173) ? Relevez dans la première partie de la scène (v. 1214-1294) les vers qui s'écartent, par leur construction, de ce schéma rythmique. Sont-ils fréquents ? Que traduisent-ils ?

5. Quelles conceptions de l'amour s'affrontent au v. 1252 ? L'argument d'Œnone vous paraît-il convaincant ? Comparez les v. 1243 et 1263 puis 1244 et 1259 : quel est toutefois l'intérêt de l'intervention d'Œnone ?

6. Étudiez l'opposition de l'ombre et de la lumière : comment et où s'exprime-t-elle ? En quoi cette opposition symbolise-t-elle le tragique du personnage (☞ p. 159) ?

7. Quels dérèglements de la logique et du langage révèlent l'égarement progressif de Phèdre ? Dans cette perspective, comment interprétez-vous la condamnation d'Œnone dans les v. 1307 à 1326 ?

Dramaturgie : *Le commencement de la fin*

8. Quel était jusqu'à présent le double rôle d'Œnone dans la pièce ? Que signifie donc sa répudiation ?

9. Qu'annonce symboliquement la solitude de Phèdre ? Quels indices dans la scène viennent le confirmer ? Proposez une mise en scène qui puisse souligner leur portée dramatique (☞ p. 173).

◗ L'action : violence et incertitudes

1. *L'acte des malédictions*
Les deux scènes majeures de l'acte IV contiennent chacune une malédiction : laquelle ? Quels sont leurs points communs ? leurs différences ? Chacune a son intérêt propre, dramatique ou (et) symbolique : précisez.

2. *L'ambiguïté des signes*
Les signes peuvent devenir ambigus et poser des problèmes d'interprétation à qui ne maîtrise pas toutes les données d'une situation.
a. Qui joue habilement de leur ambiguïté ? Qui se laisse abuser ? Pourquoi ?
b. Quelles indications le texte fournit-il indirectement sur les attitudes de certains personnages ? D'où vient la méprise de celui qui les interprète ? Qui et qu'est-ce qui en rétablit le véritable sens ?

3. *La machine infernale est lancée*
Tous les ressorts de l'action tragique sont désormais tendus :
a. Pourquoi peut-on dire que le rythme s'accélère (☞ p. 156) ?
b. Les cris et les éclats de voix emplissent le théâtre : faites le bilan des scènes où éclate la fureur des personnages. Que pressent dès lors le spectateur ?

◗ Les personnages : l'éclatement de deux couples

4. *Thésée et Hippolyte : le père et le fils*
La scène 2 souligne leurs différences : au récit des nobles exploits de Thésée répond le silence vertueux d'Hippolyte. Quelles sont les deux formes d'héroïsme qui s'affrontent ? Laquelle vous semble l'emporter ? Pourquoi ?

5. *Phèdre et Œnone : la reine et la confidente*
a. C'est Œnone qui endosse la responsabilité de la calomnie contre Hippolyte, et non Phèdre elle-même, comme dans Euripide ou Sénèque. Quel est l'intérêt de cette adaptation de la légende (☞ p. 20 et 145) ?
b. Phèdre est-elle pour autant dégagée de toute responsabilité (☞ p. 157) ? Que lui reste-t-il à faire qui puisse expliquer que le personnage de la confidente soit désormais encombrant ?

▚❒ Les tons : les facettes du tragique

6. *Le pathétique*
a. Il tient d'abord à la souffrance de deux personnages qui sont déchirés intérieurement : lesquels ? Comment ce déchirement se traduit-il ?
b. Au cœur de l'acte s'élève un débat pathétique lui aussi dont Hippolyte est l'enjeu. Quelle est, à votre avis, la réaction spontanée du spectateur ?

7. *Le tragique*
a. Les dieux, cruels, semblent décidément s'être ligués contre les hommes. Qui vient désormais prêter main-forte à Vénus ? Quelles seront ses victimes ? Comment ?
b. Cette situation crée une atmosphère de plus en plus tragique, car le destin de tous les personnages semble désormais écrit à l'avance. Quel est le seul d'entre eux qui échappe à cette règle ?
c. L'ironie tragique (☞ p. 174) s'exerce à plusieurs reprises à l'égard de Thésée. Relevez-en trois exemples dans des scènes différentes. Est-il le seul à ignorer ce qui le guette ? À quoi peut-on s'attendre dans l'acte V ? Quelle est désormais la grande scène à faire ?

Acte V

ARICIE

Quoi ! vous pouvez vous taire en ce péril extrême ?
Vous laissez dans l'erreur un père qui vous aime ?
Cruel, si de mes pleurs méprisant le pouvoir,
Vous consentez sans peine à ne me plus revoir,
Partez, séparez-vous de la triste Aricie ;
Mais du moins en partant assurez[1] votre vie,
Défendez votre honneur d'un reproche honteux,
Et forcez votre père à révoquer ses vœux[2].
Il en est temps encor. Pourquoi, par quel caprice,
Laissez-vous le champ libre à votre accusatrice ?
Éclaircissez[3] Thésée.

HIPPOLYTE

Hé ! que n'ai-je point dit !
Ai-je dû mettre au jour l'opprobre de son lit[4] ?
Devais-je, en lui faisant un récit trop sincère,
D'une indigne rougeur couvrir le front d'un père ?
Vous seule avez percé ce mystère odieux.
Mon cœur pour s'épancher n'a que vous et les dieux.
Je n'ai pu vous cacher, jugez si je vous aime,
Tout ce que je voulais me cacher à moi-même.
Mais songez sous quel sceau je vous l'ai révélé.
Oubliez, s'il se peut, que je vous ai parlé,

---

1 *Assurez* : mettez en sécurité.
2 *Révoquer ses vœux* : annuler son souhait.
3 *Éclaircissez* : informez avec clarté.
4 *Ai-je dû ... son lit* : aurais-je dû révéler ce qui déshonore son mariage ?

111

Madame, et que jamais une bouche si pure
1350 Ne s'ouvre pour conter cette horrible aventure.
Sur l'équité des dieux osons nous confier :
Ils ont trop d'intérêt à me justifier ;
Et Phèdre, tôt ou tard de son crime punie,
N'en saurait éviter la juste[1] ignominie.
1355 C'est l'unique respect que j'exige de vous.
Je permets tout le reste à mon libre courroux.
Sortez de l'esclavage où vous êtes réduite ;
Osez me suivre, osez accompagner ma fuite ;
Arrachez-vous d'un lieu funeste et profané
1360 Où la vertu respire un air empoisonné ;
Profitez, pour cacher votre prompte retraite[2],
De la confusion que ma disgrâce y jette.
Je vous puis de la fuite assurer les moyens :
Vous n'avez jusqu'ici de gardes que les miens ;
1365 De puissants défenseurs prendront notre querelle[3],
Argos nous tend les bras, et Sparte nous appelle[4] ;
À nos amis communs portons nos justes cris,
Ne souffrons pas que Phèdre, assemblant nos débris[5],
Du trône paternel nous chasse l'un et l'autre,
1370 Et promette à son fils ma dépouille et la vôtre.
L'occasion est belle, il la faut embrasser[6]...
Quelle peur vous retient ? Vous semblez balancer[7] ?
Votre seul intérêt m'inspire cette audace.
Quand je suis tout de feu, d'où vous vient cette glace ?
1375 Sur les pas d'un banni craignez-vous de marcher ?

ARICIE

Hélas ! qu'un tel exil, Seigneur, me serait cher !
Dans quels ravissements, à votre sort liée,

---

1 *Juste* : méritée.
2 *Retraite* : départ.
3 *Querelle* : intérêt, cause.
4 *Argos... Sparte* : villes du Péloponnèse. ☞ p. 143.
5 *Débris* : ce qui, dans notre héritage, a échappé à la destruction.
6 *Embrasser* : saisir.
7 *Balancer* : hésiter.

Du reste des mortels je vivrais oubliée !
Mais n'étant point unis par un lien si doux,
Me puis-je avec honneur dérober avec vous ?
Je sais que sans blesser l'honneur le plus sévère,
Je me puis affranchir des mains de votre père :
Ce n'est point m'arracher du sein de mes parents,
Et la fuite est permise à qui fuit ses tyrans.
Mais vous m'aimez, Seigneur, et ma gloire[1] alarmée...

HIPPOLYTE

Non, non, j'ai trop de soin de votre renommée.
Un plus noble dessein m'amène devant vous :
Fuyez vos ennemis, et suivez votre époux.
Libres dans nos malheurs, puisque le ciel l'ordonne,
Le don de notre foi[2] ne dépend de personne.
L'hymen[3] n'est point toujours entouré de flambeaux.
Aux portes de Trézène, et parmi ces tombeaux,
Des princes de ma race antiques sépultures,
Est un temple sacré formidable[4] aux parjures.
C'est là que les mortels n'osent jurer en vain :
Le perfide y reçoit un châtiment soudain ;
Et craignant d'y trouver la mort inévitable,
Le mensonge n'a point de frein plus redoutable.
Là, si vous m'en croyez, d'un amour éternel
Nous irons confirmer le serment solennel ;
Nous prendrons à témoin le dieu qu'on y révère ;
Nous le prierons tous deux de nous servir de père.
Des dieux les plus sacrés j'attesterai le nom ;
Et la chaste Diane[5], et l'auguste Junon[6],
Et tous les dieux enfin, témoins de mes tendresses,
Garantiront la foi[7] de mes saintes promesses.

---

1 *Gloire* : réputation, honneur.
2 *Foi* : parole, engagement de fidélité.
3 *Hymen* : mariage.
4 *Formidable* : qui inspire une grande crainte.
5 *Diane* : déesse de la chasse et de la chasteté, divinité protectrice d'Hippolyte. ☞ p. 144.
6 *Junon* : épouse de Jupiter, déesse protectrice du mariage.
7 *Foi* : sincérité, sûreté. ☞ p. 171.

Thésée, aveuglé par la fureur, a maudit et exilé son fils ; le jeune homme, malgré une faible tentative de défense, se refuse toujours à accuser directement Phèdre. Aricie pourra-t-elle le sauver de la malédiction paternelle ?

RÉFLÉCHIR

Structure : *Une accalmie dans la tourmente ?*

1. Quel effet produit ce duo d'amoureux après les scènes mouvementées de l'acte IV ? Pourquoi Racine choisit-il d'ouvrir ainsi l'acte V ?

2. Le spectateur est-il rassuré par ce changement de ton ? Pourquoi ?

Caractères : *La pureté d'Hippolyte et la fadeur d'Aricie*

3. Hippolyte confirme dans cette scène ses qualités de courage, d'innocence, de piété et d'honneur. Recherchez les vers où s'illustrent ces vertus. Quel idéal leur réunion incarne-t-elle ?

4. Dans sa dernière tirade (v. 1386-1406), Hippolyte s'anime sous l'effet de son amour. Comment qualifier sa vision de l'avenir ? Pourquoi le personnage est-il particulièrement pathétique à ce moment ?

5. On a souvent reproché au personnage d'Aricie son manque de relief. Dans quelle mesure cette scène confirme-t-elle sa faiblesse de caractère par rapport aux autres personnages ?

Stratégies : *Le vœu du silence*

6. Étudiez le thème du silence dans la première tirade d'Hippolyte (v. 1339-1375) ; pourquoi cette obstination est-elle à la fois louable et dangereuse ? En quoi est-elle tragique ?

ARICIE

Le roi vient. Fuyez, Prince, et partez promptement.
Pour cacher mon départ je demeure un moment.
Allez, et laissez-moi quelque fidèle guide,
Qui conduise vers vous ma démarche timide[1].

Scène 2 : **THÉSÉE, ARICIE, ISMÈNE**

THÉSÉE

Dieux ! éclairez mon trouble, et daignez à mes yeux
Montrer la vérité, que je cherche en ces lieux !

ARICIE

Songe à tout, chère Ismène, et sois prête à la fuite.

Scène 3 : **THÉSÉE, ARICIE**

THÉSÉE

Vous changez de couleur, et semblez interdite[2],
Madame. Que faisait Hippolyte en ce lieu ?

ARICIE

Seigneur, il me disait un éternel adieu.

THÉSÉE

Vos yeux ont su dompter ce rebelle courage[3],
Et ses premiers soupirs sont votre heureux ouvrage.

ARICIE

Seigneur, je ne vous puis nier la vérité :
De votre injuste haine il n'a pas hérité ;
Il ne me traitait point comme une criminelle.

---

1 *Timide* : hésitante.
2 *Interdite* : frappée de stupeur.
3 *Courage* : cœur. ☞ p. 171.

THÉSÉE

J'entends[1] ; il vous jurait une amour éternelle[2].
Ne vous assurez point sur[3] ce cœur inconstant,
Car à d'autres que vous il en jurait autant.

ARICIE

1425 Lui, Seigneur ?

THÉSÉE

Vous deviez[4] le rendre moins volage :
Comment souffriez-vous cet horrible partage ?

ARICIE

Et comment souffrez-vous que d'horribles discours
D'une si belle vie osent noircir le cours ?
Avez-vous de son cœur si peu de connaissance ?
1430 Discernez-vous si mal le crime et l'innocence ?
Faut-il qu'à vos yeux seuls un nuage odieux
Dérobe sa vertu qui brille à tous les yeux ?
Ah ! c'est trop le livrer à des langues perfides.
Cessez ; repentez-vous de vos vœux homicides ;
1435 Craignez, Seigneur, craignez que le ciel rigoureux
Ne vous haïsse assez pour exaucer vos vœux.
Souvent dans sa colère il reçoit[5] nos victimes,
Ses présents sont souvent la peine de nos crimes.

THÉSÉE

Non, vous voulez en vain couvrir[6] son attentat ;
1440 Votre amour vous aveugle en faveur de l'ingrat.
Mais j'en crois des témoins certains, irréprochables :
J'ai vu, j'ai vu couler des larmes véritables.

---

1 *J'entends* : je comprends. ☞ p. 171.
2 Le genre du mot *amour* est encore indifférent au XVIIᵉ s. lorsqu'il est au singulier. Au pluriel, il est féminin.
3 *Ne vous assurez point sur* : ne faites pas confiance à, ne vous fiez pas à.
4 *Deviez* : auriez dû.
5 *Reçoit* : accueille avec faveur.
6 *Couvrir* : cacher.

ARICIE

Prenez garde, Seigneur : vos invincibles mains
Ont de monstres sans nombre affranchi les humains,
Mais tout n'est pas détruit, et vous en laissez vivre
Un... Votre fils, Seigneur, me défend de poursuivre.
Instruite du respect qu'il veut vous conserver,
Je l'affligerais[1] trop si j'osais achever.
J'imite sa pudeur[2], et fuis votre présence
Pour n'être pas forcée à rompre le silence.

Scène 4 : **THÉSÉE**, *seul.*

Quelle est donc sa pensée ? Et que cache un discours
Commencé tant de fois, interrompu toujours ?
Veulent-ils m'éblouir[3] par une feinte vaine ?
Sont-ils d'accord tous deux pour me mettre à la gêne[4] ?
Mais moi-même, malgré ma sévère rigueur,
Quelle plaintive voix crie au fond de mon cœur ?
Une pitié secrète et m'afflige et m'étonne[5].
Une seconde fois interrogeons Œnone.
Je veux de tout le crime être mieux éclairci[6].
Gardes, qu'Œnone sorte, et vienne seule ici.

---

1 *Affligerais* : accablerais (sens fort).
2 *Pudeur* : réserve, discrétion.
3 *Éblouir* : tromper.
4 *Gêne* : torture. ☞ p. 172.
5 *Étonne* : frappe de stupeur, ébranle.
6 *Éclairci* : informé, mis au courant.

Scène 5 : **THÉSÉE, PANOPE**

PANOPE

J'ignore le projet que la reine médite,
Seigneur, mais je crains tout du transport qui l'agite.
Un mortel désespoir sur son visage est peint,
La pâleur de la mort est déjà sur son teint.
1465 Déjà, de sa présence avec honte chassée,
Dans la profonde mer Œnone s'est lancée.
On ne sait point d'où part ce dessein furieux[1],
Et les flots pour jamais l'ont ravie à nos yeux.

THÉSÉE

Qu'entends-je ?

PANOPE

　　　　　Son trépas n'a point calmé la reine :
1470 Le trouble semble croître en son âme incertaine.
Quelquefois, pour flatter[2] ses secrètes douleurs,
Elle prend ses enfants et les baigne de pleurs ;
Et soudain, renonçant à l'amour maternelle[3],
Sa main avec horreur les repousse loin d'elle.
1475 Elle porte au hasard ses pas irrésolus ;
Son œil tout égaré ne nous reconnaît plus.
Elle a trois fois écrit, et changeant de pensée,
Trois fois elle a rompu[4] sa lettre commencée.
Daignez la voir, Seigneur, daignez la secourir.

THÉSÉE

1480 Ô ciel ! Œnone est morte, et Phèdre veut mourir ?
Qu'on rappelle mon fils, qu'il vienne se défendre ;
Qu'il vienne me parler, je suis prêt de[5] l'entendre.
Ne précipite point tes funestes bienfaits,

---

1 *Dessein furieux* : décision folle. ☞ p. 172.
2 *Flatter* : apaiser.
3 ☞ note 2, p. 116.
4 *Rompu* : déchiré.
5 *Prêt de* : prêt à.

Thésée, sous l'empire de la colère, a condamné hâtivement Hippolyte sans vouloir croire à l'aveu de son amour pour Aricie. Mais voilà qu'il aperçoit les deux jeunes gens ensemble. Où est donc la vérité ?

RÉFLÉCHIR

Tons : *Le trouble de Thésée*

1. Quelle est la véritable raison qui pousse Thésée à parler à Aricie ? Quel genre de rapports existe-t-il entre eux ? Que peut donc signifier l'existence même de ce tête-à-tête ?

2. L'hypothèse formulée par Thésée aux v. 1439-1440 vous paraît-elle vraisemblable ? Pourquoi ? En est-il vraiment dupe ? Quel procédé, utilisé deux fois dans le distique (☞ p. 173) suivant, peut suggérer cela au spectateur ?

3. Comparez le monologue de Thésée à celui de la scène 3 de l'acte IV. Que remarquez-vous ? Quel autre procédé Racine utilise-t-il dans la scène 2 pour révéler l'état psychologique de Thésée ? Pourquoi ?

Caractères : *Aricie ou l'étoffe des héros*

4. Observez le mode des verbes et les modalités (☞ p. 174) des phrases dans la scène 3 : qui a l'initiative dans le dialogue et comment les rapports de force entre les personnages évoluent-ils ? Quel trait de caractère Aricie révèle-t-elle ainsi ? Est-ce surprenant ?

5. Quelle figure de style identifiez-vous au v. 1421 (☞ p. 174) ? Dans quelle intention est-elle employée habituellement ? Est-ce le cas ici ? Précisez.

Dramaturgie : *Un dénouement imminent*

6. Observez la longueur des scènes et faites le bilan des entrées et des sorties des personnages (☞ p. 156). Quel est l'effet produit ? Que pressent le spectateur ?

7. Repérez dans le discours de Panope les deux données qui préparent le dénouement. Comment Thésée complète-t-il malgré lui l'esquisse de ce tableau ? Il reste deux scènes à faire : lesquelles ? Dans quel ordre ?

Mise en scène : *Le langage des corps*

8. Voici deux indications scéniques données par Jean-Louis Barrault dans sa *Mise en scène de « Phèdre »* à propos du personnage de Thésée : « *Il se heurte aux différents points de la pièce comme un insecte tourbillonnant se heurte contre l'abat-jour d'une lampe* » et « *Il arpente la scène, en proie à une impatience fébrile.* » Que traduisent les mouvements du comédien ? À quelle réplique de Thésée chaque indication peut-elle correspondre ?

Neptune ; j'aime mieux n'être exaucé jamais.

1485 J'ai peut-être trop cru des témoins peu fidèles[1],
Et j'ai trop tôt vers toi levé mes mains cruelles.
Ah ! de quel désespoir mes vœux seraient suivis !

> Scène 6 : THÉSÉE, THÉRAMÈNE

THÉSÉE

Théramène, est-ce toi ? Qu'as-tu fait de mon fils ?
Je te l'ai confié dès l'âge le plus tendre.

1490 Mais d'où naissent les pleurs que je te vois répandre ?
Que fait mon fils ?

THÉRAMÈNE

Ô soins[2] tardifs et superflus !
Inutile tendresse ! Hippolyte n'est plus.

THÉSÉE

Dieux !

THÉRAMÈNE

J'ai vu des mortels périr le plus aimable[3],
Et j'ose dire encor, Seigneur, le moins coupable.

THÉSÉE

1495 Mon fils n'est plus ? Hé quoi ! quand je lui tends les bras,
Les dieux impatients ont hâté son trépas !
Quel coup me l'a ravi ? quelle foudre soudaine ?

THÉRAMÈNE

À peine nous sortions des portes de Trézène,
Il était sur son char. Ses gardes affligés

1500 Imitaient son silence, autour de lui rangés ;
Il suivait tout pensif le chemin de Mycènes[4] ;

---

1 *Fidèles* : sûrs.
2 *Soins* : préoccupations. ☞ p. 172.
3 *Aimable* : digne d'être aimé.
4 *Mycènes* : ville du nord-est du Péloponnèse. ☞ carte p. 143.

Sa main sur ses chevaux laissait flotter les rênes ;
Ses superbes coursiers, qu'on voyait autrefois
Pleins d'une ardeur si noble obéir à sa voix,
5   L'œil morne maintenant et la tête baissée,
Semblaient se conformer à sa triste pensée.
Un effroyable cri, sorti du fond des flots,
Des airs en ce moment a troublé le repos ;
Et du sein de la terre, une voix formidable[1]
10   Répond en gémissant à ce cri redoutable.
Jusqu'au fond de nos cœurs notre sang s'est glacé ;
Des coursiers attentifs le crin s'est hérissé.
Cependant[2], sur le dos de la plaine liquide,
S'élève à gros bouillons une montagne humide ;
15   L'onde approche, se brise, et vomit à nos yeux,
Parmi des flots d'écume, un monstre furieux.
Son front large est armé de cornes menaçantes ;
Tout son corps est couvert d'écailles jaunissantes ;
Indomptable taureau, dragon impétueux,
20   Sa croupe se recourbe en replis tortueux.
Ses longs mugissements font trembler le rivage.
Le ciel avec horreur voit ce monstre sauvage,
La terre s'en émeut[3], l'air en est infecté ;
Le flot qui l'apporta recule épouvanté.
25   Tout fuit ; et sans s'armer d'un courage inutile,
Dans le temple voisin chacun cherche un asile.
Hippolyte lui seul, digne fils d'un héros,
Arrête ses coursiers, saisit ses javelots,
Pousse au monstre[4], et d'un dard lancé d'une main sûre,
30   Il lui fait dans le flanc une large blessure.
De rage et de douleur le monstre bondissant
Vient aux pieds des chevaux tomber en mugissant,
Se roule, et leur présente une gueule enflammée
Qui les couvre de feu, de sang et de fumée.

---

1 *Formidable* : terrifiante.
2 *Cependant* : pendant ce temps.
3 *S'en émeut* : se met à trembler.
4 *Pousse au monstre* : va droit au monstre.

1535 La frayeur les emporte, et sourds à cette fois[1],
Ils ne connaissent plus ni le frein ni la voix ;
En efforts impuissants leur maître se consume ;
Ils rougissent le mors d'une sanglante écume.
On dit qu'on a vu même, en ce désordre affreux,

1540 Un dieu qui d'aiguillons pressait leur flanc poudreux[2].
À travers des rochers la peur les précipite.
L'essieu crie et se rompt : l'intrépide Hippolyte
Voit voler en éclats tout son char fracassé ;
Dans les rênes lui-même, il tombe embarrassé.

1545 Excusez ma douleur. Cette image cruelle
Sera pour moi de pleurs une source éternelle.
J'ai vu, Seigneur, j'ai vu votre malheureux fils
Traîné par les chevaux que sa main a nourris.
Il veut les rappeler, et sa voix les effraie ;

1550 Ils courent ; tout son corps n'est bientôt qu'une plaie.
De nos cris douloureux la plaine retentit.
Leur fougue impétueuse enfin se ralentit ;
Ils s'arrêtent non loin de ces tombeaux antiques
Où des rois ses aïeux sont les froides reliques[3].

1555 J'y cours en soupirant, et sa garde me suit.
De son généreux[4] sang la trace nous conduit,
Les rochers en sont teints, les ronces dégouttantes
Portent de ses cheveux les dépouilles sanglantes.
J'arrive, je l'appelle, et me tendant la main,

1560 Il ouvre un œil mourant qu'il referme soudain :
« Le ciel, dit-il, m'arrache une innocente vie.
« Prends soin après ma mort de la triste Aricie.
« Cher ami, si mon père un jour désabusé[5]
« Plaint le malheur d'un fils faussement accusé,

1565 « Pour apaiser mon sang et mon ombre plaintive,
« Dis-lui qu'avec douceur il traite sa captive,

---

1 *À cette fois* : cette fois.
2 C'est Neptune, qui exauce ainsi le vœu de Thésée.
3 *Reliques* : restes, ossements.
4 *Généreux* : noble.
5 *Désabusé* : détrompé.

« Qu'il lui rende... » À ce mot, ce héros expiré
N'a laissé dans mes bras qu'un corps défiguré,
Triste objet, où des dieux triomphe la colère,
Et que méconnaîtrait[1] l'œil même de son père.

THÉSÉE

Ô mon fils ! cher espoir que je me suis ravi[2] !
Inexorables dieux, qui m'avez trop servi !
À quels mortels regrets ma vie est réservée !

THÉRAMÈNE

La timide Aricie est alors arrivée.
Elle venait, Seigneur, fuyant votre courroux,
À la face des dieux l'accepter pour époux.
Elle approche ; elle voit l'herbe rouge et fumante ;
Elle voit (quel objet[3] pour les yeux d'une amante !)
Hippolyte étendu, sans forme et sans couleur.
Elle veut quelque temps douter de son malheur,
Et ne connaissant plus[4] ce héros qu'elle adore,
Elle voit Hippolyte, et le demande encore.
Mais trop sûre à la fin qu'il est devant ses yeux,
Par un triste regard elle accuse les dieux,
Et froide, gémissante, et presque inanimée,
Aux pieds de son amant elle tombe pâmée.
Ismène est auprès d'elle ; Ismène, tout en pleurs,
La rappelle à la vie, ou plutôt aux douleurs.
Et moi, je suis venu, détestant la lumière[5],
Vous dire d'un héros la volonté dernière,
Et m'acquitter, Seigneur, du malheureux emploi
Dont son cœur expirant s'est reposé sur moi.
Mais j'aperçois venir sa mortelle ennemie.

---

1 *Méconnaîtrait* : ne reconnaîtrait pas.
2 *Ravi* : enlevé.
3 *Objet* : spectacle. ☞ p. 172.
4 *Ne connaissant plus* : voir le v. 1570.
5 *Détestant la lumière* : maudissant la vie.

Les allusions inquiétantes d'Aricie, la nouvelle de la mort d'Œnone, le vœu de mourir prononcé par Phèdre, ont fini par ébranler Thésée. Invoquant de nouveau Neptune, il revient sur son vœu, mais dans la tragédie l'accomplissement du destin est inéluctable... Racine introduit alors le long récit du dénouement catastrophique.

RÉFLÉCHIR

Dramaturgie : *Unités et bienséances*

1. Pour quelles raisons techniques et morales le récit de Théramène se substitue-t-il à l'action ? (☞ p. 140)

2. Comment Racine procède-t-il pour éviter le risque de longueur et de monotonie ?

3. Quels détails nous font comprendre que la catastrophe est directement liée au vœu de Thésée ?

4. L'intervention de puissances surnaturelles était-elle nécessaire pour le dénouement ? Justifiez votre réponse.

Genres : *Le récit : union de l'histoire et du discours*

5. Vérifiez ce qu'est une hypotypose (☞ p. 174). Grâce à quels éléments le récit de Théramène en est-il une ?

6. En quoi ce discours est-il propre à suggérer des émotions intenses ? Quelle est la nature de ces émotions ?

7. Théramène parle et se met en scène : quel est l'intérêt dramatique du personnage à la fois récitant et acteur du drame ?

Style : *Réalisme et lyrisme*

8. Relevez et commentez quelques détails cruels dans le récit de Théramène. Pourquoi pourrait-on parler ici d'effet baroque (☞ p. 173) ?

9. Étudiez les rythmes, les sonorités et les images du texte : pourquoi a-t-on pu dire que ce récit était un « chant funèbre » ?

10. L'alliance du réalisme et du lyrisme (☞ p. 174) est-elle réussie dans ce discours ? Pourquoi ?

Scène 7 : THÉSÉE, PHÈDRE, THÉRAMÈNE
PANOPE, GARDES

THÉSÉE

Eh bien ! vous triomphez, et mon fils est sans vie.
Ah ! que j'ai lieu de craindre, et qu'un cruel soupçon,
L'excusant dans mon cœur, m'alarme avec raison !
Mais, Madame, il est mort, prenez votre victime :
Jouissez de sa perte, injuste ou légitime.
Je consens que mes yeux soient toujours abusés[1].
Je le crois criminel, puisque vous l'accusez.
Son trépas à mes pleurs offre assez de matières
Sans que j'aille chercher d'odieuses lumières,
Qui ne pouvant le rendre à ma juste douleur,
Peut-être ne feraient qu'accroître mon malheur.
Laissez-moi, loin de vous, et loin de ce rivage,
De mon fils déchiré fuir la sanglante image.
Confus[2], persécuté d'un mortel souvenir,
De l'univers entier je voudrais me bannir.
Tout semble s'élever contre mon injustice ;
L'éclat de mon nom même augmente mon supplice.
Moins connu des mortels, je me cacherais mieux.
Je hais jusques aux soins dont m'honorent les dieux,
Et je m'en vais pleurer leurs faveurs meurtrières,
Sans plus les fatiguer d'inutiles prières.
Quoi qu'ils fissent[3] pour moi, leur funeste[4] bonté
Ne me saurait payer[5] de ce qu'ils m'ont ôté.

PHÈDRE

Non, Thésée, il faut rompre un injuste silence ;
Il faut à votre fils rendre son innocence.
Il n'était point coupable.

---

1 *Abusés* : trompés.
2 *Confus* : bouleversé.
3 *Fissent* : puissent faire.
4 *Funeste* : mortelle. ☞ p. 171.
5 *Payer* : dédommager.

THÉSÉE

Ah ! père infortuné !

1620 Et c'est sur votre foi[1] que je l'ai condamné !
Cruelle, pensez-vous être assez excusée...

PHÈDRE

Les moments me sont chers[2], écoutez-moi, Thésée.
C'est moi qui sur ce fils chaste et respectueux
Osai jeter un œil profane[3], incestueux.
1625 Le ciel mit dans mon sein une flamme funeste ;
La détestable Œnone a conduit tout le reste.
Elle a craint qu'Hippolyte, instruit de ma fureur,
Ne découvrît[4] un feu qui lui faisait horreur,
La perfide, abusant de ma faiblesse extrême,
1630 S'est hâtée à vos yeux de l'accuser lui-même.
Elle s'en est punie, et fuyant mon courroux,
A cherché dans les flots un supplice trop doux.
Le fer aurait déjà tranché ma destinée ;
Mais je laissais[5] gémir la vertu soupçonnée.
1635 J'ai voulu, devant vous exposant mes remords,
Par un chemin plus lent descendre chez les morts.
J'ai pris, j'ai fait couler dans mes brûlantes veines
Un poison que Médée[6] apporta dans Athènes.
Déjà jusqu'à mon cœur le venin[7] parvenu
1640 Dans ce cœur expirant jette un froid inconnu,
Déjà je ne vois plus qu'à travers un nuage
Et le ciel et l'époux que ma présence outrage ;
Et la mort, à mes yeux dérobant la clarté,
Rend au jour qu'ils souillaient toute sa pureté.

PANOPE

1645 Elle expire, Seigneur.

---

1 *Foi* : parole. ☞ p. 171.
2 *Chers* : précieux, car ils lui sont comptés.
3 *Profane* : sacrilège.
4 *Découvrît* : dévoilât, révélât.
5 *Je laissais* : j'aurais laissé, en faisant ainsi...
6 *Médée* : magicienne célèbre pour ses philtres magiques. ☞ p. 169.
7 *Venin* : poison.

THÉSÉE

D'une action si noire
Que ne peut avec elle expirer la mémoire[1] !
Allons, de mon erreur, hélas ! trop éclaircis[2],
Mêler nos pleurs au sang de mon malheureux fils !
Allons de ce cher fils embrasser ce qui reste,
Expier la fureur[3] d'un vœu que je déteste.
Rendons-lui les honneurs qu'il a trop mérités,
Et pour mieux apaiser ses mânes[4] irrités,
Que malgré les complots d'une injuste famille[5]
Son amante[6] aujourd'hui me tienne lieu de fille !

▶ *Photo p. 128 :*
Silvia Monfort (**PHÈDRE**) dans la mise en scène de J.-P. Le Chanois, théâtre du Vieux-Colombier, 1960.

---

1 *Mémoire* : souvenir.
2 *Éclaircis* : informés, éclairés.
3 *Fureur* : folie. ☞ p. 172.
4 *Ses mânes* : âmes des morts.
5 Les Pallantides. ☞ p. 170.
6 *Amante* : femme qui aime et est aimée.

Hippolyte est mort et Thésée, en qui la mort d'Œnone a fait naître, trop tard, de sombres pressentiments, voit arriver celle qui, à coup sûr, détient la redoutable vérité...

RÉFLÉCHIR

Dramaturgie : *Une scène de dénouement*

1. C'est la seule et unique fois dans la pièce où des gardes sont présents sur scène. Pourquoi apparaissent-ils ici ? Imaginez le plateau de la scène lorsque le rideau tombe : quelle est l'impression produite sur le spectateur ?

2. La règle veut que le dénouement soit complet : le sort de tous les personnages importants doit y être réglé. D'un point de vue esthétique et formel, quel vers aurait pu constituer le mot de la fin ? Pourquoi ? Que pensez-vous des vers qui suivent ? Pourquoi Racine ne s'est-il pas arrêté avant ?

Tons : *Le chant du cygne*

3. Pourquoi Thésée garde-t-il la parole aussi longtemps (v. 1594 à 1616) ? Sa tirade (☞ p. 174) et celle de Phèdre ont exactement la même longueur. Ont-elles le même poids dans la scène ? Pourquoi ? Quelle est la fonction de la tirade de Thésée ?

4. Quatre vers à peine suffisent à Phèdre pour faire un aveu complet : lesquels ? Quelle est leur position dans son discours ? Pourquoi est-ce surprenant (☞ p. 43, 48, 67) ? Qu'est-ce qui a changé dans la situation d'énonciation (☞ p. 174) par rapport aux deux aveux précédents (I, 3 et II, 5) ?

5. Observez la longueur des phrases dans la tirade de Phèdre. Que remarquez-vous ? En quoi ce rythme est-il suggestif pour le spectateur ? Quel genre de diction feriez-vous ici adopter à la comédienne ?

6. Relisez les v. 1635-1640 : quel est le double intérêt d'un suicide par le poison ?

Caractères : *Un monstre innocent ?*

7. Quels épisodes ou quelles circonstances de l'action telle que nous la connaissons Phèdre passe-t-elle sous silence ? Pourquoi ?

8. Relevez dans l'aveu de Phèdre (v. 1623-1632) le sujet grammatical des verbes. Quel glissement s'opère progressivement ? Comment l'interpréter ? Qu'en pensez-vous ?

9. Sur la photo ci-contre, Phèdre est représentée aux pieds d'une immense statue de Vénus dont on ne voit que le bas (à gauche). Quel sens ce décor vient-il donner à la mort de Phèdre ? Observez attentivement les lignes de force du décor, la position du corps de Phèdre, son attitude : est-ce pour autant une impression d'écrasement qui domine ? Qu'en pensez-vous ?

◥ L'action : des exigences classiques, nécessité, complétude, rapidité

1. Les théoriciens du XVIIᵉ s. recommandaient aux dramaturges (☞ p. 173) un dénouement « nécessaire » : que faut-il entendre par ce terme ? En quoi cela conditionne-t-il l'unité de l'action ? Pourquoi le dénouement catastrophique était-il devenu nécessaire dans *Phèdre* ?

2. Les règles exigeaient aussi un dénouement « complet », c'est-à-dire apte à fixer le sort de chaque personnage et à trouver une solution à tous les problèmes soulevés par la pièce. Racine a-t-il appliqué cette règle de façon stricte ? Cela vous paraît-il toujours naturel ? Justifiez vos réponses.

3. Enfin, les dramaturges devaient imaginer un dénouement rapide pour rendre le suspense plus intense et la catastrophe plus impressionnante. Quelles scènes de l'acte V constituent le dénouement proprement dit ? En quoi Racine s'est-il conformé à l'exigence de brièveté ?

◥ Les personnages : du remords à la gloire ?

4. Est-ce une coïncidence si Phèdre se donne la mort à la suite d'Œnone ? Leur geste a-t-il la même signification ? Procède-t-il des mêmes motifs ? Justifiez vos réponses.

5. Les bienséances classiques (☞ p. 140) autorisent paradoxalement le suicide sur scène à la fin d'une pièce. Alors que celui d'Œnone a eu lieu dans les coulisses, celui de Phèdre se déroule sous nos yeux. Pourquoi ? Quelle image d'elle-même Phèdre laisse-t-elle au spectateur ?

6. Comparez le suicide de Phèdre et ses raisons avec celui d'autres héroïnes raciniennes (Hermione, Atalide...) ou d'autres œuvres (Emma Bovary). En quoi reste-t-il unique et exemplaire ?

Les tons : tragique et pathétique

7. Chez Sénèque, le corps d'Hippolyte est ramené sur scène à la fin de la tragédie. Pourquoi Racine n'en fait-il pas autant (☞ p. 140) ? La mort du jeune homme en est-elle moins émouvante ? Pourquoi ?

8. Chez Euripide, c'est la déesse Artémis qui apparaît à Thésée pour lui dire la vérité (☞ p. 145). Racine a préféré faire apparaître Phèdre une dernière fois. Laquelle des deux versions vous paraît plus tragique ? plus pathétique (☞ p. 174) ? Pourquoi ?

9. Dans *Antigone*, Jean Anouilh donne la définition suivante de la tragédie : « *C'est reposant, la tragédie, parce qu'on sait qu'il n'y a plus d'espoir, le sale espoir ; qu'on est pris, qu'on est enfin pris comme un rat, avec le ciel sur son dos (...)* ». Cette définition vous paraît-elle correspondre au point de vue des personnages dans *Phèdre* ? Donnez trois exemples pour étayer votre réponse et précisez quelle est l'attitude des personnages face à la fatalité qui les opprime. Quel est l'effet sur le spectateur ?

10. La pièce se termine sur une série de morts successives : est-ce à votre avis ce dénouement catastrophique qui donne à la pièce sa couleur tragique ? Pourquoi ? Quelle est parmi ces morts la plus tragique ? la moins tragique ? Pourquoi ? Dans quel ordre interviennent-elles ? Est-ce un hasard ?

11. Dans la *Distribution*, p. 18-19, quels sens donneriez-vous au décor sur lequel Hippolyte, Œnone et Phèdre se détachent ?

12. Sur quels aspects du tragique de *Phèdre* le décor conçu par Jean Hugo (☞ p. 134) vous paraît-il mettre l'accent ?

Action et dramaturgie : la construction de la tragédie

1. Phèdre *et l'unité de temps*

Unités de lieu, de temps et d'action : telles sont les fameuses trois unités de la dramaturgie classique. La tradition veut que, contrairement à son rival Corneille, Racine les ait toujours appliquées avec beaucoup de naturel et d'aisance.

a. Récapitulez les événements majeurs de la pièce (☞ p. 155-156). Est-il vraisemblable qu'ils se déroulent en un seul jour ? Pourquoi ?

b. Que se passe-t-il, dans l'acte V, entre la fin de la scène 1 et le début de la scène 6 ? Combien de vers ont été prononcés (☞ p. 156) ? Qu'en pensez-vous ?

2. *Phèdre, Hippolyte, Aricie : trois personnages, deux couples, une héroïne*

a. Comment l'amour d'Hippolyte et d'Aricie intervient-il dans l'intrigue principale ? Quel intérêt présente-t-il par ailleurs pour le dramaturge dans la construction de la pièce ?

b. Lors des premières représentations, la pièce s'intitulait *Phèdre et Hippolyte*. Justifiez ce titre (☞ p. 155-156). Racine a opté finalement pour *Phèdre* : l'héroïne éponyme (☞ p. 173) est-elle souvent en scène ? Comment se manifeste sa prééminence ?

3. *La progression dramatique*

a. Notez la longueur respective des différents actes (☞ p. 155-156). Quel est le statut de l'acte III ? Précisez.

b. Calculez la longueur moyenne des scènes dans chaque acte de part et d'autre de l'acte III : que constatez-vous ? Quel est l'effet produit ? En quoi cela concourt-il à la création d'une atmosphère tragique ?

4. *La parole tragique*

Irréversible, la parole devient tragique parce qu'elle scelle à jamais le destin des personnages et se fait l'instrument de la fatalité :

a. Comment Thésée signe-t-il l'arrêt de mort de son fils ? Reste-t-il le maître des mots qu'il a prononcés ?

b. Phèdre également signe, en parlant, un arrêt de mort : lequel et comment ? Pourquoi sa mort à la fin de l'acte V est-elle tragique ? Aurait-ce été le cas à la fin de l'acte I ?

☐ Les personnages : Phèdre... et les autres

5. *Phèdre*

a. Foyer de violence et de fureur placé au cœur de la pièce, la passion de Phèdre pour Hippolyte se mue parfois en une rage forcenée (☞ p. 158) qui la conduit à la cruauté. Donnez-en des exemples. Rend-elle le personnage odieux ? Pourquoi ?

b. En quoi réside exactement la liberté de Phèdre ? N'est-elle que le jouet impuissant d'une fatalité qui la dépasse ? Ou y a-t-il pour elle une marge d'action possible dans le monde ? Racine, dans sa *Préface*, affirme quant à lui : « *Phèdre n'est ni tout à fait coupable, ni tout à fait innocente* » (☞ p. 20). Expliquez ce jugement puis donnez votre avis personnel. Quelle incidence une telle conception peut-elle avoir sur la façon de jouer le personnage ?

6. *Hippolyte et Aricie*

a. Attirés l'un vers l'autre par un amour « criminel », ils représentent pourtant l'innocence et la pureté. En quoi ? Expliquez le paradoxe.

b. Ce couple est placé sous le signe du romanesque (☞ p. 174) et n'échappe pas toujours à une certaine fadeur. Pourquoi ? Quelle est néanmoins sa fonction dans la pièce ?

7. *Thésée*

La première scène de la pièce fait de lui l'incarnation du modèle héroïque. Quels récits légendaires gravitent en effet autour de son nom ? Le personnage vous semble-t-il correspondre ensuite à cette image glorieuse ? Pourquoi ?

Décor de Jean Hugo pour la mise en scène de *Phèdre* par Jean-Louis Barrault à la Comédie-Française, 1943. (Bibliothèque nationale de France, Paris.)

L'UNIVERS DE L'ŒUVRE

❧

Dossier documentaire et pédagogique

Le geste tragique (p. 9)

1. Étudiez les lignes de force déterminées par l'attitude de la comédienne, ainsi que par l'éclairage. En quoi peut-on parler ici de geste tragique ?

2. Quelle figure dessinent les bras par rapport au corps ? Et les diverses lignes du décor ? Quel symbolisme est ici suggéré ? Dans quelle mesure la pièce l'autorise-t-elle ?

3. À quels moments de la scène 3 de l'acte I ou de la scène 6 de l'acte IV cette photo pourrait-elle correspondre ? Quels liens voyez-vous entre ce type de gestuelle et le monologue ?

4. En comparant cette photo avec celle de la p. 23, précisez dans quel sens a évolué, en un siècle, la mise en scène du tragique.

Visages de Phèdre (p. 10-11)

5. Étudiez avec précision l'expression du visage de Phèdre. Quels sentiments identifiez-vous sur chaque photo ? À quelles situations de la pièce chacune pourrait-elle correspondre ?

6. La mise en scène de la photo 3 propose une lecture plus moderne de la pièce : quels indices le suggèrent ? Dans quelle mesure la couleur historique vous paraît-elle nécessaire à la mise en scène de *Phèdre* ?

7. En comparant ces photos avec celles de la p. 9 et de la couverture, dites ce que vous inspire le symbolisme des couleurs, et en particulier du rouge. Sur quels aspects du personnage chacun des costumes met-il l'accent ?

L'ombre et la lumière (p. 12-13)

8. Les photos 5 et 6 correspondent à une même mise en scène. Dans quel ordre chronologique les classeriez-vous ? Pourquoi ? Quel parti (couleur, mouvement, rayonnement) le metteur en scène a-t-il pu tirer du soleil, présent dans le décor tout au long de la pièce ? Quel est son intérêt sur le plan dramaturgique ? sur le plan tragique ?

9. Quelles sont les deux sources lumineuses sur la photo 7 ? Laquelle est utilisée comme un élément de décor à part entière ?

Quelle est la fonction de l'autre ? Comment la lumière vient-elle structurer l'espace ? Que suggère-t-elle de la position de Phèdre malgré la présence de la confidente ? Précisez.

10. Comparez ce décor avec celui de la photo p. 9. Qu'est-ce qui les différencie de ceux de mises en scène plus classiques ? Quels aspects, dans la psychologie du personnage et dans la représentation de la condition humaine, ont-ils choisi de souligner ?

Affiches de *Phèdre* : images ou fantasmes ? (p. 14-15)

11. Qu'est-ce qui fait de l'affiche 10 une « photo-choc » (nature du document, angle de prise de vue, attitude et costume de la comédienne...) ? Pourquoi, selon vous, a-t-elle été retenue ?

12. Que suggèrent le graphisme de l'image 9 ? les couleurs et les profils de l'image 11 ? Quelle impression d'ensemble se dégage de l'image 8 ? À partir de quels éléments ? En quoi la signification du motif à droite est-elle ambiguë ?

13. Laquelle de ces affiches vous paraît la plus efficace ? la plus esthétique ? Laquelle correspond le mieux à l'idée que vous avez de la pièce ? Justifiez vos réponses.

Phèdre au miroir (p. 16)

14. Quels sens donnez-vous à la position et au geste de Phèdre devant sa psyché ?

15. Que pourrait symboliser la psyché ? À quelle scène de la pièce cette photo pourrait-elle correspondre ? Justifiez votre réponse.

16. En quoi cette photo est-elle à la fois très semblable et radicalement opposée à celle de la p. 9 ? Quels aspects du tragique chacune illustre-t-elle ?

Les règles, les modèles et la liberté de l'écrivain

Le XVIIᵉ s. nous laisse une telle image de sévérité et de rigueur qu'on peut émettre des doutes sur la part de liberté et d'imagination laissée aux écrivains classiques. Qu'en est-il pour Racine, et plus particulièrement pour *Phèdre* ? Par-delà les règles antiques et l'esthétique classique, Racine crée son propre tragique.

Les règles d'Aristote ou le modèle grec

Les réflexions sur le théâtre faites par Aristote, le philosophe grec (384-322 av. J.-C.), dans sa *Poétique*, déterminent les règles de la tragédie.

Une action qui privilégie la surprise

Chez Aristote, deux notions dramatiques sont indispensables à la réussite d'une tragédie : **la péripétie et la reconnaissance**. La première est une « *inversion complète de l'action* », qui doit intervenir une fois dans la pièce, de préférence au dénouement. Quant à la reconnaissance, c'est la « *découverte inattendue de la véritable identité d'un personnage après bien des erreurs et des confusions* ». Ces deux moteurs de l'action tendent surtout à maintenir le suspense.

Des personnages « médiocres »

Aristote recommande par ailleurs la peinture de **« caractères moyens »**. Il faut des personnages « *ni tout à fait bons ni tout à fait mauvais* », sinon il n'y a plus de tragique. Dans le premier cas, l'injustice du sort risque d'indigner les spectateurs (Racine mentionne d'ailleurs dans sa *Préface* l'erreur commise par Euripide, qui présenta Hippolyte comme « *un jeune homme exempt de toute imperfection* »). Inversement, la sanction d'un personnage « *tout à fait mauvais* », perçue comme justifiée, n'inspirerait pas de pitié. C'est pourquoi dans sa *Préface* Racine affirme qu'il a voulu créer des personnages « moyens ». Il a atténué le crime de Phèdre (« *J'ai même pris soin de la rendre un peu moins odieuse qu'elle n'est dans les tragédies des Anciens* ») et inventé la faute d'Hippolyte (« *J'ai cru lui devoir donner quelque faiblesse qui le rendrait un peu coupable envers son père* ». Chaque protagoniste commet ainsi une « *erreur tragique* » qui mène à la « catastrophe » (☞ p. 173).

Les ressorts tragiques : crainte et pitié

Enfin, d'après Aristote, la représentation théâtrale a une vocation didactique : elle enseigne une vérité morale au public. Aussi l'action doit-elle susciter deux sentiments forts, capables d'impressionner durablement le spectateur : d'une part, la **crainte**, pour le personnage pendant la représentation et pour soi-même dans l'avenir. D'autre part la **pitié** à l'égard des personnages. On assigne généralement à ces deux sentiments un rôle dissuasif : effrayé par les fautes des personnages, le public se gardera de les commettre lui-même. Racine souscrit à cette règle comme en témoigne sa *Préface* : « *Le vice y est peint partout avec des couleurs qui en font connaître et haïr la difformité.* »

À ces directives antiques viennent s'ajouter les préceptes de la vraisemblance et de la bienséance classiques.

Des règles classiques rigoureuses

Les règles classiques sont toutes imposées par la notion essentielle de **vraisemblance** : le spectateur doit être persuadé d'assister à une action véritable ; il faut donc lui faire oublier les conditions matérielles de la représentation.

Des unités contraignantes

Tout d'abord, dans la mesure où une représentation théâtrale n'excède pas une durée de trois heures, pour que le public ne soit pas trop sensible à la rapidité du temps écoulé, les critiques ont établi la règle de l'**unité de temps**, qui restreint la durée de l'action à une journée, soit douze à vingt-quatre heures maximum, de façon à faire coïncider le mieux possible le temps de l'histoire et le temps de la représentation.

Corrélativement à cette contrainte fut instituée une règle de l'**unité de lieu** : puisque l'action n'excédait pas vingt-quatre heures, il ne fallait pas qu'elle se déroule dans des lieux distants d'un espace supérieur à celui qu'on pouvait parcourir en une journée. La sévérité de cette règle alla même jusqu'à restreindre l'espace théâtral à l'étendue coïncidant avec le champ optique du spectateur.

Enfin, le temps et le lieu étant limités, le dramaturge ne pouvait pas multiplier les intrigues, ni greffer d'actions secondaires, et donc se voyait contraint aussi de respecter l'**unité d'action**.

Le respect des bienséances

Autre notion essentielle de l'esthétique classique : la **bienséance**. Le dramaturge doit éviter de choquer le goût et la morale. C'est pourquoi notamment, dès 1630, on s'interdit de représenter sur scène les duels, les combats ou le meurtre ; de même, l'exhibition des « cadavres » est prohibée. Cependant on peut raconter sur scène les spectacles sanglants auxquels le public n'a pas assisté : ainsi, le **récit** acquiert une dimension dramatique considérable. Si Sénèque montrait sur scène le corps mutilé d'Hippolyte, chez Racine seul le récit de Théramène l'évoque.

Une seule exception à cette règle : le **suicide**, dont les dramaturges s'autorisent la représentation, parce qu'ils le considèrent comme un acte de courage. *« Ceux qui prétendent qu'il ne faut jamais ensanglanter le théâtre ignorent ce que c'est que l'ensanglanter ; il ne faut jamais y répandre le sang de personne, mais on peut y verser le sien, quand on y est porté par un beau désespoir ; c'était une action consacrée chez les Romains »*, écrit un critique de l'époque[1]. Il est donc conforme à la dramaturgie classique que Phèdre, ayant absorbé du poison, vienne expirer sur scène.

Assimilation et dépassement des modèles

Par-delà les influences multiples, le génie de Racine a su faire siens les règles et les modèles.

Des vers imprégnés de poésie latine

La mémoire de Racine s'est si bien nourrie des lettres anciennes qu'il retrouve naturellement sous sa plume des expressions ou des vers inspirés de la poésie latine. On relève à plusieurs reprises des réminiscences des poètes romains dans les vers les plus lyriques ou pathétiques de *Phèdre*. Par exemple, les vers où Hippolyte raconte sa découverte de l'amour (v. 533-534), sont probablement un souvenir du *De Natura rerum* de **Lucrèce** (98-55 av. J.-C.) : *« Suave, mari magno turbantibus aequora ventis, / E terra magnum alterius spectare laborem »* (II, 1-2 ; *« Qu'il est doux quand sur la mer immense les vents tumultueux soulèvent les flots, de regarder depuis la terre le péril d'autrui »*).

---

1 Abbé Morvan de Bellegarde, cité par J. Schérer dans *La Dramaturgie classique en France*, Nizet, p. 418.

Dans le récit de Théramène, ce sont des souvenirs de **Virgile** (70-19 av. J.-C.) qui sont sensibles. L'apparition du monstre (v. 1515-1520) rappelle celle des serpents sortis de mer pour étouffer Laocoon dans un épisode de la guerre de Troie (*Énéide*, II, v. 206-208) : « *Leur poitrine se dresse au milieu des flots et leurs crêtes couleur de sang dominent la vague. Le reste de leur corps glissait lentement sur la surface de l'eau et leur énorme croupe traînait ses replis tortueux* »[1]. Enfin, le v. 240 du livre VIII de l'*Énéide*, racontant le combat d'Hercule contre Cacus, un être monstrueux, a pu inspirer à Racine l'expression du v. 1524 (« *refluitque exterritus amnis* » signifie en effet : « *et le fleuve épouvanté reflue* »).

Il ne s'agit ni de plagiat ni de coïncidence, mais d'une assimilation parfaite de la culture antique par le génie de l'auteur.

Le tragique racinien

Mais Racine a su se libérer des contraintes pour créer sa propre tragédie. La particularité du tragique racinien réside ainsi dans l'analyse de la passion, l'exigence de la simplicité et la poésie.

D'une part, Racine a voulu faire de la **passion** – essentiellement amoureuse – le ressort dramatique principal de ses pièces. Dans *Phèdre*, l'impossibilité de la passion aboutit inévitablement à la destruction des personnages qui en sont victimes. Racine souligne d'ailleurs son intention dans la *Préface* : « *Les passions n'y sont présentées aux yeux que pour montrer tout le désordre dont elles sont cause* ».

D'autre part, chez Racine, l'action vise à la **simplicité**, voire au dépouillement : centrée sur une intrigue unique, elle s'oppose à la tragédie chargée d'incidents et de péripéties que certains dramaturges affectionnaient. Racine avait exprimé ce goût dès la préface de *Bérénice* (1671) : « *Toute l'invention consiste à faire quelque chose de rien* », et formulé le souhait d'une « *action simple, soutenue de la violence des passions, de la beauté des sentiments et de l'élégance de l'expression.* »

Enfin, la séduction des tragédies raciniennes tient aussi à la beauté de leur **poésie** : en dépit du pathétique ou de la tension dramatique de certains passages, on ne saurait rester indifférent à la musicalité toute symbolique de certains vers (« *Tout m'afflige et me nuit, et conspire à me nuire* », v. 161). (☞ p. 148)

Le génie de Racine, dans son souci de **plaire au public**, est donc parvenu à transcender le carcan des règles pour faire de la tragédie un spectacle avant tout poétique.

---

1 Traduction d'A. Bellessort, Les Belles Lettres, 1974.

Le sacré dans *Phèdre*

Jamais les dieux n'ont été aussi présents dans une tragédie – païenne – de Racine que dans *Phèdre*. En cela cependant, il ne fait que se conformer à la tradition mythologique et dramatique de l'Antiquité. L'étude des grands mythes grecs permet de comprendre le rôle des dieux dans *Phèdre*. Par ailleurs, la tragédie et la poésie antiques, découvertes par le jeune homme au collège, l'ont visiblement inspiré dans la création de l'intrigue ou des caractères. Mais Racine a aussi fait de *Phèdre* une tragédie moderne, où le sacré devient chrétien, peut-être même janséniste, et s'intègre au contexte historique et religieux de l'auteur.

Mythologie : les dieux et les hommes

Les protagonistes (☞ p. 174) de la tragédie ont tous des liens étroits avec les dieux : par leur origine, mais aussi par une relation particulière de vénération ou de haine qu'ils entretiennent ou qu'ils subissent. Dans le tableau page suivante, on remarque que chaque protagoniste a un dieu pour ancêtre, d'où l'atmosphère surnaturelle de l'action : les personnages agissent sous le regard des dieux qui les juge (v. 169-172, 813-814, 1275-1276, 1280).

Les trois personnages principaux de *Phèdre* sont attachés, volontairement ou contre leur gré, à une divinité particulière.

Neptune et Thésée

Un mystère enveloppe la naissance de Thésée : sa mère, Æthra, s'est unie à Égée, mais aussi, en secret, au dieu Neptune. Le lien d'affection privilégiée entre Neptune et Thésée tient probablement à cette paternité supposée.

De plus, les exploits de Thésée ayant débarrassé la mer et les côtes (royaume de Neptune) de nombreux criminels, il semble que le dieu ait fait au roi des promesses qui varient selon les auteurs ; Euripide mentionne trois souhaits, Racine, un seul : « *Tu promis d'exaucer le premier de mes vœux* » (v. 1068). La confiance de Thésée dans le dieu est d'ailleurs aveugle (v. 1158-1159, 1178).

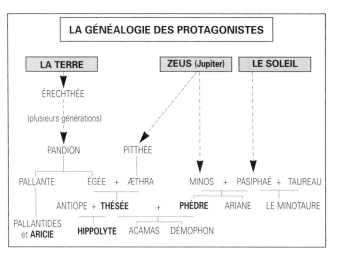

LA GÉNÉALOGIE DES PROTAGONISTES

LA TERRE   **ZEUS (Jupiter)**   **LE SOLEIL**

ÉRECHTHÉE

(plusieurs générations)

PANDION   PITTHÉE

PALLANTE   ÉGÉE + ÆTHRA   MINOS + PASIPHAÉ + TAUREAU

ANTIOPE + **THÉSÉE** + **PHÈDRE**   ARIANE   LE MINOTAURE

PALLANTIDES
et **ARICIE**   **HIPPOLYTE**   ACAMAS   DÉMOPHON

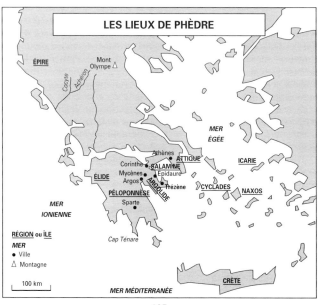

LES LIEUX DE PHÈDRE

ÉPIRE

Mont Olympe △

Cocyte

Achéron

MER ÉGÉE

ICARIE

Athènes

Corinthe   **SALAMINE**

Mycènes   Épidaure

ARGOLIDE

ÉLIDE   Argos   Trézène

CYCLADES

NAXOS

PÉLOPONNÈSE

Sparte

MER IONIENNE

Cap Ténare

RÉGION ou ÎLE
MER
● Ville
△ Montagne

100 km

MER MÉDITERRANÉE

CRÈTE

Vénus et Phèdre

Leurs relations sont d'une tout autre nature ; il s'agit d'une rancune ancienne de la part de Vénus. La « plus belle des déesses », mariée à Vulcain, dieu du feu, laid et boîteux, lui préféra Mars, dieu de la guerre, dont elle eut trois enfants. Mais le Soleil surprit les amants et les dénonça au mari. Celui-ci forgea un filet dans lequel il les emprisonna, puis il convoqua tous les dieux, qui se moquèrent des amants pris en flagrant délit. Depuis, Vénus garde une haine tenace à l'égard du Soleil et de ses descendants, parmi lesquels Phèdre (v. 1274) qui se sait persécutée (v. 249, 306).

Une ambiguïté subsiste pourtant dans cette relation. Au cœur du drame, Phèdre implore soudain la déesse qu'elle maudissait auparavant : *« Déesse, venge-toi : nos causes sont pareilles »* (v. 822). Racine nous suggère-t-il ainsi que la prière peut détourner la colère des dieux et infléchir les destins ?

Diane et Hippolyte

Fille de Zeus et sœur d'Apollon, déesse vierge de l'Olympe, Diane est la divinité de la lune, des forêts, des montagnes et de la chasse (on la représente armée d'un carquois et d'un arc), mais aussi de la chasteté. Hippolyte a hérité de sa mère Antiope (☞ p. 169) une dévotion exclusive à Artémis (Diane) sur laquelle Euripide a d'ailleurs mis l'accent. Racine a fait d'Hippolyte un personnage beaucoup moins pieux que celui d'Euripide ; certes, son goût pour la nature et la chasse (v. 543, 549) suggère une protection privilégiée, mais Hippolyte amoureux ne peut plus se consacrer de façon absolue à Diane. C'est pourquoi une seule et tardive mention de la déesse est faite dans *Phèdre* (v. 1404).

Chez Racine donc, ce sont surtout Vénus et Neptune qui constituent les forces divines actives dans l'intrigue, et chaque fois pour le malheur des héros... Quelle image des dieux Racine veut-il donner ?

L'influence des Anciens

« Voici encore une tragédie dont le sujet est pris d'Euripide ». Dès la première phrase de sa *Préface*, Racine reconnaît ses emprunts aux Anciens.

Le chaste et misogyne Hippolyte d'Euripide

En 428 av. J.-C., ce dramaturge grec avait fait représenter une tragédie intitulée *Hippolyte porte-couronne*[1]. Racine s'en est souvenu ; il a néanmoins modifié des éléments déterminants. Dans la tragédie grecque, Aricie n'existe pas et Hippolyte est présenté comme un chasseur, dévôt de la déesse Artémis, et hargneusement misogyne. C'est cette disposition d'esprit qui, s'ajoutant à son sentiment aigu de l'honneur et de la pudeur, lui fait repousser avec horreur la passion de Phèdre. Chez Euripide, Phèdre n'avoue pas elle-même son amour au jeune homme, c'est la nourrice qui prend l'initiative malheureuse de jouer l'entremetteuse. Par la suite, Phèdre se suicide avant le retour de Thésée, non sans préparer la perte d'Hippolyte : elle laisse un message écrit accusant le jeune homme de l'avoir violée. Thésée l'apprenant demande à Poséidon (Neptune) la mort d'Hippolyte. Il est exaucé, et c'est la déesse Artémis qui, lui apparaissant, lui révèle le mensonge de son épouse et l'innocence de son fils.

Une autre conception de la fatalité

Cette intervention directe des dieux sur la psychologie des personnages et sur l'action reste propre aux Grecs : Racine ne la réutilise pas. On peut encore souligner que la tragédie d'Euripide s'ouvrait sur une tirade d'Aphrodite (Vénus) exposant la situation et annonçant les grandes lignes de l'action. Les spectateurs grecs connaissaient donc dès le prologue le destin d'Hippolyte, ce qui ne les empêchait pas de goûter le plaisir de la tragédie. On peut ainsi s'interroger sur la nécessité du suspense dans la tragédie. En fait, l'Antiquité et le classicisme ont deux conceptions différentes du tragique : chez les Anciens, les spectateurs contemplaient un « fatum » connu et inéluctable ; le public moderne, lui, assiste anxieusement à l'intervention des dieux à travers le cœur des hommes ; la fatalité, intériorisée, n'en est que plus angoissante...

Racine et le sacré

Mais Racine n'est pas seulement un émule heureux des poètes antiques ; à travers *Phèdre*, c'est toute une conception moderne du

---

1 *Hippolyte porte-couronne* : parce que, lors de son entrée en scène, le héros offre à sa déesse bien-aimée une couronne de fleurs.

sacré qu'il nous livre. Pour le comprendre, il faut transposer l'action mythologique dans le contexte historico-religieux du dramaturge. Ce contexte, c'est la question du salut des hommes, mise en débat par les jansénistes.

Les jansénistes et la querelle sur la grâce

Racine a subi l'influence des jansénistes dès son enfance (☞ p. 6) et, malgré sa rupture avec eux, leur empreinte sur lui reste incontestable. Aussi leurs thèses essentielles peuvent-elles constituer des éléments d'analyse précieux pour *Phèdre*.

Le jansénisme doit son nom au théologien Jansénius (1585-1638) qui dans son *Augustinus* cherche à retrouver dans toute sa pureté, c'est-à-dire toute son austérité, la doctrine de saint Augustin (théologien du IVᵉ s.), principale référence des chrétiens sur la question de la grâce.

C'est une **vision tragique du salut de l'homme** que véhicule la doctrine janséniste, car elle enseigne la **corruption foncière de la nature humaine** depuis le péché originel : l'homme déchu doit attendre son salut exclusivement de la grâce toute-puissante et gratuite de Dieu (la **grâce efficace**) et non compter sur ses propres mérites.

De plus, en opposant la toute-puissance divine à la faiblesse humaine, le jansénisme suppose que l'homme est totalement livré à Dieu ; il réintroduit ainsi, à la suite des protestants, l'idée de **prédestination** : seul un petit nombre d'hommes, choisis par Dieu, doit être sauvé, et rien ne peut modifier la décision céleste. Cette vision du salut, pour le moins pessimiste et désespérante, n'est-elle pas précisément celle de Racine dans *Phèdre* ?

Racine et les jansénistes

On peut souligner qu'au moment où il crée *Phèdre*, Racine a entamé sa conversion et même un retour marqué vers le jansénisme. Les allusions de sa *Préface* sont assez nettes. On identifie sans peine les maîtres jansénistes dans *« les personnes célèbres par leur piété et leur doctrine »* qui ont récemment condamné la tragédie.

D'autres éléments de cette *Préface* nous renseignent sur les objectifs du dramaturge, notamment l'insistance sur le thème de la faute et de la culpabilité ; ce texte foisonne de termes comme *coupable/innocente, faute, crime, faiblesse, vice/vertu*. Cela permet de mieux comprendre pourquoi on a dit que *Phèdre* était *« la plus religieuse des tragédies profanes de Racine »*.

La damnation de Phèdre...

D'après « le Grand Arnauld » (1612-1694, théologien et philosophe janséniste), Phèdre serait une *« chrétienne à qui la grâce a manqué »*. Cette expression nous permet de voir à travers ce personnage l'histoire d'une âme moderne. Quels traits jansénistes pouvons-nous observer dans *Phèdre* ?

D'abord, le **rôle de la puissance divine**, même réparti sur plusieurs dieux (le Soleil, Vénus, Neptune), est primordial ; ce sont eux qui décident du sort de l'homme, dont l'autonomie nous paraît alors réduite à rien (☞ v. 306).

L'idée de prédestination – qui trouve sa transposition dramatique dans le thème de la fatalité – est également présente : toute la lignée de Phèdre semble poursuivie, à la suite d'un **« péché originel »**, par la malédiction divine (v. 250-258, 1289) et dans l'impossibilité d'y échapper par ses efforts ou ses prières (v. 279-288). Phèdre est littéralement accablée par la haine de Vénus (v. 813-816). On atteint peut-être là les limites d'une assimilation du modèle antique avec son avatar chrétien : dans l'Antiquité, les dieux éprouvent des haines tenaces. Le dieu chrétien, au contraire, détermine les élus et les damnés sans passion, selon un dessein mystérieux mais éminemment sage.

Ainsi la vision du sort et du salut humains présentée par Phèdre est très pessimiste ; on en retient essentiellement l'acuité tragique du sens de la faute et de la culpabilité (le mot *« coupable »* apparaît treize fois sur une totalité de quarante-six occurrences dans l'œuvre de Racine), comme si la conversion du dramaturge connaissait les affres du doute janséniste et les exprimait à travers son héroïne antique. *« De toutes les tragédies de Racine,* écrit André Blanchet, Phèdre *est à la fois la plus religieuse et celle où il se livre le plus complètement (...) Certaine vibration pathétique (...) nous avertit assez que Racine, à son insu, a mis dans* Phèdre *toutes ces contradictions intimes et qu'il se trouve alors en pleine lutte avec l'Ange. »*[1]

Ainsi la fatalité antique s'est perpétuée à travers le sens chrétien de la faute à l'époque classique : la tare du péché originel aurait pris le relais du **« fatum »**. Peut-être ces notions trouvent-elles même leur aboutissement le plus moderne dans celle de **« tabou »** – ici à travers l'interdit de l'inceste – dans laquelle certaines critiques psychanalytiques ont cru reconnaître une des formes primordiales de la relation au sacré dans *Phèdre*.

---

1 *La Littérature et le Spirituel*, t. II, p. 64.

Théâtre et poésie dans *Phèdre*

La langue de Racine nous paraît au premier abord insaisissable : sobre, dépouillée, limpide, elle est néanmoins parcourue par un souffle poétique qui semble transfigurer les mots les plus simples. Cette langue poétique aux procédés peu marqués, et qui semble n'offrir que peu de prise à l'analyse, s'épanouit dans *Phèdre*, comme si précisément sa simplicité ne pouvait que procéder de la démarche naturelle qu'impose à la langue le dialogue dramatique. N'y a-t-il pas là pourtant une contradiction ? Comment les mots qui, au théâtre, sont mis avant tout au service de l'action, peuvent-ils, en même temps, s'élever au-dessus d'elle, pour accéder à cette grâce poétique que chacun s'accorde à leur reconnaître dans les pièces de Racine ?

La poésie dramatique

Poésie et versification

Au XVIIᵉ s., l'expression *poème dramatique* désignait toute pièce de théâtre écrite en vers. *Phèdre* est donc un poème dramatique. Mais il serait bien réducteur de ne voir dans la poésie qu'une affaire de versification. Paul Claudel était ainsi sans pitié pour l'usage dramatique de l'alexandrin : il en comparait la succession monotone à celle *« des vides et des pleins dans une palissade interminable »*. Les rimes plates[1], en égrenant distique après distique les secondes qui rapprochent chaque personnage de son terme fatal, ont certes un intérêt dramatique : elles soulignent le déroulement inexorable du temps au fil de l'action. Mais le discours lyrique et poétique s'accommode mieux de formes strophiques dans lesquelles le temps, comme par magie, semble suspendre son cours.

Le dramatique et le lyrique : un couple mal assorti ?

C'est pourtant de cette forme métrique qui paraît davantage tournée vers l'action que Racine fait naître la poésie, et Claudel lui-même reconnaît aux alexandrins de Racine *« un avancement dont le*

---

1 *Rimes plates* (ou rimes suivies) : du type aa, bb, cc... ; usuelles dans les pièces de théâtre écrites en vers. – Chaque couple de vers constitue un *distique*.

tempo est un élément de beauté ». C'est que le langage, dans *Phèdre*, tend à se détourner de ses fonctions proprement dramatiques pour atteindre à une dimension poétique. La force dramatique du langage s'éprouve d'ordinaire dans le dialogue, où les mots deviennent de véritables armes pesant sur la conscience de l'interlocuteur. Or, dans *Phèdre*, cette perspective se trouve dépassée, comme le remarque Thierry Maulnier dans sa *Lecture de* Phèdre : *« cessant d'être (...) le moyen de séduire, d'ordonner, de convaincre, le langage se décharge de son efficacité humaine (...) pour s'élever et se réduire à sa puissance inutile et sacrée »*. Et la tragédie se fait alors poème. Ainsi, lorsque Phèdre, empruntant maints détours, fait à Hippolyte l'aveu de son amour (II, 5), sa passion, sous le masque de la fable, l'emporte peu à peu, et la parole qui voulait convaincre devient épanchement lyrique : *« Et Phèdre au Labyrinthe avec vous descendue / Se serait avec vous retrouvée ou perdue. »* (v. 661-662). La situation est analogue dans la scène de dénouement (V, 7) où les derniers aveux de Phèdre, loin d'être le moyen d'une ultime justification auprès de Thésée, se muent en un véritable chant du cygne, comme si les mots dans la bouche de Phèdre devenaient à eux-mêmes leur propre justification. Il y a ainsi chez cette héroïne, au cœur même d'un aveu pourtant fatal, une jouissance de la parole, une sorte d'enivrement qui donnent à son discours un accent inimitable et envoûtant.

La tirade : le cadre formel d'une poésie aux accents multiples

De là viennent sans doute la fréquence et la longueur, inhabituelles pour l'époque, des monologues et des tirades[1] dans *Phèdre*. C'est que dans ces moments où la parole semble pouvoir se développer librement, s'affranchissant des contraintes que fait peser sur elle un contact trop étroit avec l'interlocuteur, se créent des pauses et des respirations à l'intérieur de la pièce, qui permettent d'échapper à l'enchaînement proprement dramatique des répliques. Le monologue et la tirade deviennent ainsi les formes par excellence de la poésie, lorsque se taisent autour de l'homme les voix venues de l'extérieur : poésie lorsque Phèdre retrace à Œnone le développement de sa passion (v. 269-316), poésie encore quand Hippolyte avoue son amour à Aricie (v. 524-560), poésie toujours lorsque Thésée laisse s'épancher sa douleur de père meurtri (v. 1594-1616). Ce sont ainsi les voix multiples et divergentes des personnages qui vien-

---

1 ☞ p. 174.

nent prendre en charge successivement dans la pièce le discours poétique. D'un intense lyrisme lorsque s'exhale sur scène la passion douloureuse de Phèdre, la poésie prend des accents élégiaques pour retracer les amours idylliques et innocentes d'Aricie et Hippolyte ; elle devient épique[1] et baroque[2] lorsque Théramène raconte la mort héroïque d'Hippolyte avant de revenir à un registre plus pathétique dans la dernière tirade de Thésée.

La poésie de Phèdre

Pourtant, la poésie de *Phèdre* reste avant tout à nos yeux celle qui émane du personnage éponyme[3]. « *La fille de Minos et de Pasiphaé* » (v. 36) est en effet au cœur de la pièce un foyer lyrique, plutôt que dramatique. Dès le lever du rideau, le ton est donné : alors qu'au théâtre les personnages sont là pour parler et agir, Phèdre, elle, veut garder le silence et cherche à mourir. Arrachée au silence et prête à y retourner (I, 3 ; IV, 6 ; V, 7), sa parole, faite de fragilité et de violence, prend une densité qui est celle même de la poésie. Les autres personnages, eux, se montrent beaucoup plus préoccupés par les péripéties de la vie (Œnone cherche des solutions, Hippolyte veut fuir avec Aricie…) et, s'ils peuvent atteindre parfois à la poésie, leur fonction dans la pièce reste essentiellement dramatique. Auréolée de silence et soustraite ainsi au mouvement et à l'agitation dramatiques, la tragédie, grâce à Phèdre, devient poème.

Une poésie incarnée

À cette poésie qui naît du drame en même temps qu'elle le dépasse, le théâtre réserve paradoxalement des conditions idéales pour s'épanouir : grâce aux comédiens, la poésie peut prendre corps et devenir vivante, pour le plus grand plaisir du spectateur.

Voix et musicalité

Le texte théâtral peut rester muet aux yeux du lecteur ; il s'anime au contraire grâce au comédien qui lui prête sa voix. La représentation théâtrale devient alors une chance pour le texte poétique qui, dans cette réalisation sonore, révèle toute la richesse de sa musicalité. Les sonorités, dont le charme pouvait rester enfoui sous l'opacité

---

1 *Épique* : propre à l'épopée, qui raconte des actions héroïques en utilisant l'amplification et l'hyperbole.
2 ☞ p. 173.
3 ☞ p. 173.

des mots écrits, prennent une épaisseur charnelle, se répondent entre elles. « *La fille de Minos et de Pasiphaé* » (v. 36) : à quoi tient donc la fascination exercée par cet alexandrin qui ne fait que décliner l'état civil de Phèdre et dont on a pourtant si souvent vanté la beauté mystérieuse ? Sans doute à l'univers mythologique évoqué par les noms propres, mais surtout à la musicalité de leurs sons. Les sonorités vocaliques s'assemblent ainsi par couples au gré des accents rythmiques : [ai] / [io] / [ai] / [ae]. Des symétries se dessinent tempérées par de subtiles dissymétries : les modulations autour du [i] dans le premier hémistiche[1] et autour du [a] dans le second ne sont pas, par exemple, distribuées de la même façon de part et d'autre de la coupe. La diction théâtrale révèle donc de façon lumineuse le côté palpable des mots et la valeur poétique de leurs sonorités.

Le corps et la poésie

À cette poésie, le théâtre prête non seulement des voix mais aussi des corps, qui se meuvent, se déchirent, souffrent sous nos yeux. Le corps du comédien vient amplifier les moindres inflexions de la voix et mieux faire vibrer la poésie du texte. Si *Phèdre* ne comporte pratiquement aucune didascalie[2], des indications concernant le jeu des acteurs s'induisent souvent très facilement du texte qu'ils prononcent. À peine Phèdre a-t-elle paru sur scène que déjà plusieurs vers témoignent de son état physique (v. 154-156, 158) : Phèdre est chancelante et cette exténuation est la marque d'une souffrance secrète et terrible. Ce n'est sans doute pas un hasard si Racine prend soin de disposer ces vers au début de la scène. C'est que le corps est aussi comme l'accompagnement musical de la voix : il lui donne de la profondeur. Ailleurs, c'est dans les régularités rythmiques, les répétitions de mots, les parallélismes des phrases, les antithèses que s'inscrivent le « trouble » et le désarroi d'Hippolyte :

« *Contre vous, contre moi, vainement je m'éprouve :*
Présente, je vous fuis, absente, je vous trouve ;
Dans le fond des forêts votre image me suit » (v. 541-543).

La poésie de l'espace

Il existe également dans *Phèdre* une poésie des lointains à laquelle l'espace théâtral, dans sa matérialité, contribue à donner

1 ☞ *Alexandrin*, p. 173.
2 ☞ p. 173.

force et puissance. L'Ailleurs, qui sollicite l'imagination, c'est celui des lieux mythologiques : la Grèce, berceau des exploits du jeune Thésée, à laquelle songe Hippolyte en quête d'actions héroïques :

> « *Les monstres étouffés et les brigands punis,*
> *Procuste, Cercyon, et Scirron, et Sinnis,*
> *Et les os dispersés du géant d'Épidaure,*
> *Et la Crète fumant du sang du Minotaure.* » (v. 79-82),

la Crète et son fameux Minotaure qui alimentent aussi la rêverie de Phèdre (II, 5), ou encore les Enfers auxquels la reine aspire un instant pour y plonger son crime dans l'oubli (IV, 6). Cet Ailleurs, qui matérialise le désir de fuite des personnages, acquiert sous les yeux du spectateur une signification concrète. Guidé par le regard des personnages qui se tourne comme machinalement vers ce lointain imaginaire, le spectateur est à même de se mettre à l'unisson avec cette poésie du rêve. Soulignée par un regard qui suffit à matérialiser symboliquement l'espace de l'évasion, la poésie du texte se trouve ainsi rehaussée par le jeu théâtral qui semble se mettre à son service.

Le langage poétique

Si les conditions matérielles de la représentation viennent révéler magnifiquement la poésie du texte, elles ne la suscitent pas pour autant : elles ne font qu'en recueillir le chant et le faire vibrer. C'est du langage lui-même que naît la poésie.

Des noms évocateurs

Ce qui frappe tout d'abord, à la lecture de *Phèdre*, c'est le foisonnement des images et des évocations qui donne à la tragédie l'allure d'« *un grand poème baroque* » (Malraux) en convoquant sur scène des espaces imaginaires que le théâtre classique, astreint à l'unité de lieu, ne saurait représenter directement. Ces représentations imaginaires gravitent bien souvent, on l'a vu, autour de noms légendaires célèbres : Thésée et le Minotaure, Vénus, Neptune, Minos, Pasiphaé, autant de références mythologiques qui nous entraînent bien loin de ce palais un peu abstrait où se déroule la pièce. Les réalités extérieures suscitées par l'imagination des personnages peuvent également prendre la forme d'espaces réels : ce sont les alentours de Trézène, la forêt où Hippolyte chasse le cerf (v. 133, 176), le rivage où il fait voler son char (v. 130, 178) ou encore la mer qui permet de rejoindre Athènes à la voile (v. 796-798). Certaines de ces images ne sont que des évocations fugitives et statiques où le tableau se fige dans une attitude symbolique. D'autres, plus souvent, s'animent en retraçant des épisodes de la mythologie (v. 74-90, v. 383-386...). Parfois même, elles deviennent de véritables hypotyposes[1] : la scène, dans une vision hallucinatoire (II, 5 ; IV, 6) prend alors sous nos yeux les couleurs de la vie et se développe de manière autonome : c'est Phèdre descendant au Labyrinthe avec Hippolyte (v. 641-662) ou rencontrant son père Minos aux Enfers (v. 1277-1290). Il y a là, assurément, une résurgence d'éléments baroques : la prolifération d'espaces mythiques ou imaginaires témoigne d'une crise de la dramaturgie classique. La poésie de *Phèdre* déborde d'un palais *« à volonté »*[2] devenu trop austère et trop dépouillé, pour annoncer une dramaturgie nouvelle qui connaîtra bientôt son heure de gloire : celle de l'opéra, qui marque le triomphe du spectacle sur le discours.

L'« effet de sourdine » et le poids des mots

En contrepoint, le langage poétique de *Phèdre* se caractérise par sa limpidité et sa sobriété. Le critique Leo Spitzer, dans ses *Études de style*, parle à ce propos d'un *« effet de sourdine »*, propre au style classique. La force des mots semble atténuée, assourdie par toute une série de procédés : l'emploi de l'article indéfini (v. 481 : *« Modérez des bontés dont l'excès m'embarrasse »* = *vos* bontés), le pluriel de majesté et le démonstratif de distance (v. 1649 : *« Allons de ce cher fils embrasser ce qui reste »* = que j'aille / *mon*), la personnification des abstraits qui remplacent les personnages (v. 471-472 : *« Je crois que votre haine... / Écoute sans regret... »* = que, malgré votre haine, *vous* écoutez), les pluriels qui estompent les contours (v. 183 : *« Je te laisse trop voir mes honteuses douleurs »* = ma douleur), etc. En diluant la réalité derrière des entités plus générales ou plus floues, ils confèrent à la langue de Racine une unité et un mystérieux éloignement, où réside aussi la beauté de la pièce.

Mais cette atténuation constante du langage dans *Phèdre* est trompeuse. L'atténuation est en effet purement formelle et la force, même voilée, demeure. *« Faibles projets d'un cœur trop plein de ce qu'il aime »* s'exclame Phèdre devant Hippolyte à qui elle vient d'avouer son amour (v. 697). Apparemment le vers vient atténuer une formulation plus directe qui pourrait être *« mon cœur trop plein*

---

1 ☞ p. 174.
2 Ce palais est un lieu indéfini, variable d'une tragédie à l'autre, dans lequel
   se trouve assuré le respect de l'unité de lieu.

de toi ». En fait, le spectateur décrypte parfaitement la signification de l'expression : les sentiments de Phèdre restent tout à fait perceptibles et donnent à l'expression un dynamisme d'autant plus pathétique qu'il est latent. « *La langue de Racine, loin d'être "morte", est emplie d'une vie quasi souterraine, contenue.* » écrit Leo Spitzer. La charge sémantique des mots s'accroît, ils rayonnent dans le texte d'une signification plus riche et deviennent source de poésie.

Les réseaux lexicaux

Le langage poétique est enfin celui qui donne aux mots une nécessité qu'ils n'ont pas dans la conversation de tous les jours. Établissant à travers l'œuvre tout entière des réseaux lexicaux cohérents, le poète tragique donne ainsi aux mots leur place à l'intérieur du tout. Les métaphores de l'amour, où les *« feux »* voisinent avec les *« chaînes »*, pourraient par exemple sembler n'être qu'un jargon galant dénué de toute valeur poétique. Mais, faisant écho à d'autres, ils s'intègrent dans la logique de l'imaginaire : les *« flammes »* et les *« feux »* entrent ainsi dans le réseau lexical de la lumière et de la nuit qui parcourt toute la pièce. La flamme de l'amour, selon une logique qui semble venir de l'onomastique[1], consume Phèdre *« la lumineuse »*, tout en l'attirant paradoxalement – car cette flamme est *« noire »* (v. 310) – dans les espaces infernaux où règne la nuit (IV, 6 ; V, 7). De la même façon, la métaphore galante des chaînes se trouve ranimée dans *Phèdre* par le contexte tragique. L'amour, qui se définit explicitement comme étant *« Vénus toute entière à sa proie* **attachée** » (v. 306), devient clairement le symbole de la liberté humaine entravée par les forces divines qui pèsent sur elle : la fatalité tragique justifie ici a posteriori la métaphore. Figures tout à fait banales dans le langage galant de l'époque, ces métaphores deviennent donc dans *Phèdre* des figures qui participent effectivement à la poésie du texte, lui donnant unité et cohérence.

Le poète, disait Mallarmé, est celui qui sait *« donner un sens plus pur aux mots de la tribu »*. La poésie dans *Phèdre* n'est ni un ornement ni une excroissance greffée sur la tragédie : en rendant aux mots communs de la langue la pureté de leurs sonorités et le poids de leur sens, en enrichissant leur charge symbolique, elle fait de chaque personnage, et de Phèdre en particulier, le célébrant de ce qui est pour Racine le tragique de la condition humaine.

---

1 *Onomastique* : science des noms propres.

ACTES	Scènes	NOMBRE DE VERS PAR PERSONNAGE									TOTAL PAR SCÈNE	SUJET DE LA SCÈNE
		Thésée	Phèdre	Hippolyte	Aricie	Œnone	Théramène	Ismène	Panope	Gardes		
I	1			74			68				142	Hippolyte annonce à Théramène qu'il part à la recherche de son père. En réalité, il veut s'éloigner d'Aricie qu'il aime malgré lui.
	2			2		8	0				10	Œnone annonce l'arrivée de Phèdre.
	3		92			72					164	Phèdre veut se laisser mourir. Œnone lui arrache son secret : sa folle passion pour son beau-fils Hippolyte.
	4		0			3			17		20	Panope annonce la mort de Thésée. Se pose le problème de la succession au trône d'Athènes.
	5		4			26					30	Œnone ramène Phèdre vers la vie en évoquant les nouvelles perspectives politiques et amoureuses qu'offre la situation.
Total acte I			96	76		109	68		17		366	
II	1				64			32			96	Aricie avoue à Ismène son amour pour Hippolyte, devenu roi de Trézène.
	2			84	14			0			98	Hippolyte, venu offrir à Aricie le trône d'Athènes, lui avoue son amour.
	3			4	8		4	0			16	Théramène vient annoncer que Phèdre cherche Hippolyte pour lui parler.
	4			4			0				4	
	5		109	20		4					133	Phèdre, qui voulait intervenir en faveur de son fils, ne peut s'empêcher de déclarer son amour à Hippolyte. Repoussée avec horreur, elle tente de se tuer, mais Œnone l'entraîne.
	6			11		12					23	Athènes s'est déclarée en faveur du fils de Phèdre... mais le bruit court que Thésée est encore vivant.
Total acte II			109	123	86	4	16	32			370	
III	1		59			17					76	Tous les efforts d'Œnone pour ramener à la raison Phèdre, pourtant toute à sa honte, sont vains : celle-ci veut offrir à Hippolyte le trône d'Athènes pour fléchir son indifférence.
	2		12								12	Phèdre implore l'aide de Vénus.
	3		42			46					88	Œnone revient annoncer le retour de Thésée. Phèdre songe à se tuer, mais Œnone lui suggère d'accuser Hippolyte la première. Phèdre, défaillante, s'en remet à elle.

ACTES	Scènes	NOMBRE DE VERS PAR PERSONNAGE									TOTAL PAR SCÈNE	SUJET DE LA SCÈNE
		Thésée	Phèdre	Hippolyte	Aricie	Œnone	Théramène	Ismène	Panope	Gardes		
III	4	2	6	0		0	0				8	Phèdre se dérobe dès l'arrivée de Thésée, en évoquant une offense qu'il aurait subie...
	5	37		30		0					67	Hippolyte demande la permission de quitter Trézène pour accomplir de nobles exploits. Thésée s'inquiète de cet étrange accueil.
	6			13		0					13	Hippolyte songe à son amour menacé.
Total acte III		39	119	43	63	0					264	
IV	1	20				14					34	Calomnie d'Œnone, colère de Thésée.
	2	66		56							122	Thésée maudit son fils, venu lui avouer son amour pour Aricie.
	3	10									10	La douleur du père s'exhale.
	4	17	9								26	Phèdre, venue intercéder en faveur d'Hippolyte, se fige soudain quand Thésée lui parle de l'amour de celui-ci pour Aricie.
	5		21								21	Jalousie et fureur de Phèdre.
	6		96			19					115	Déchirée, Phèdre songe de nouveau à mourir et chasse Œnone en la maudissant.
Total acte IV		113	126	56		33					328	
V	1			58	24						82	Hippolyte se refuse à révéler la vérité à son père. Lui et Aricie décident de fuir ensemble.
	2	2			1		0				3	Thésée les aperçoit.
	3	13			24						37	Aricie confirme qu'Hippolyte l'aime et met Thésée en garde contre lui-même.
	4	10									10	Thésée s'inquiète et veut interroger Œnone.
	5	8							19		27	Panope lui apprend qu'Œnone s'est jetée dans la mer et que Phèdre veut mourir. Thésée revient sur sa malédiction...
	6	9					97				106	... mais il est déjà trop tard : Théramène vient raconter la mort d'Hippolyte.
	7	35	25,5			0			0,5	0	61	Phèdre, qui a pris du poison, arrive chancelante devant Thésée pour lui faire l'aveu de sa culpabilité et meurt sur scène.
Total acte V		77	25,5	58	49		97	0	19,5	0	326	
TOTAL		229	476	356	135	209	181	32	36	0		

Les thèmes

Innocence ou culpabilité ?

« Phèdre n'est ni tout à fait coupable, ni tout à fait innocente » écrit Racine dans sa *Préface* (☞ p. 20). Le problème de la culpabilité, essentiel dans cette tragédie où le dramaturge (☞ p. 173), fidèle à la « catharsis » du théâtre grec, entend bien purger les hommes de leurs passions et de leurs vices (☞ p. 22, 139), repose évidemment sur la notion de **responsabilité** : dans quelle mesure Phèdre est-elle réellement la source de la passion criminelle qui la pousse vers Hippolyte ? Dans la pièce, elle est présentée comme le jouet de forces qui la dépassent : *« C'est Vénus toute entière à sa proie attachée. »* (v. 306). **Victime** de la vengeance terrible de Vénus (☞ p. 144), Phèdre semble donc innocente.

Elle est pourtant habitée constamment par la honte et le sentiment de sa **faute** : elle se sent coupable alors même qu'elle n'ignore pas l'origine divine de sa passion (v. 249, 257-258...). C'est qu'à la perspective tragique héritée du théâtre grec antique se superpose une **vision chrétienne** que Racine doit sans doute à sa formation janséniste (☞ p. 6, 146) : l'homme est un pécheur qui ne peut qu'espérer, pour son salut, en la grâce de Dieu. Cette grâce venue du Ciel ne touche pas Phèdre qui semble alors abandonnée à sa solitude et à sa culpabilité.

Sur le problème de l'innocence ou de la culpabilité, on se reportera à Sophocle, *Œdipe-Roi* ; Dostoïevski, *Crime et Châtiment* ; Camus, *Les Justes*.

La jalousie : déchirement sentimental et dégradation morale

Dans *Phèdre*, la jalousie est un thème circonscrit à l'acte IV (scènes 4, 5, 6) et exclusif du personnage éponyme (☞ p. 173), contrairement à d'autres tragédies où il est plus diffus et généralisé. C'est cependant un sentiment très violent et un important ressort dramatique.

Jusqu'à l'acte IV, quoique malheureuse dans son amour, Phèdre se croit à l'abri de toute rivalité étant donné le caractère d'Hippolyte (v. 790). Or les propos de Thésée lui apprennent que le jeune homme est capable d'aimer (v. 1187-1188). Alors qu'elle se croyait au paroxysme du malheur, elle découvre un sentiment radicalement nouveau dont les souffrances sont encore plus intolérables (v. 1225-1230). Dans les scènes 5 et 6, **la violence de ces accès de jalousie** se traduit par la succession des interrogations et des exclamations sur un rythme rapide (v. 1204, 1231-1236) et des répétitions (v. 1203-1204, 1209-1210).

La jalousie est un **puissant ressort dramatique** puisqu'elle précipite le dénouement tragique ; à la scène 4 de l'acte IV, Phèdre, venue dans l'intention de disculper Hippolyte auprès de Thésée (v. 1167-1174), choisit finalement le silence en apprenant que le jeune homme est amoureux ; ce silence est fatal à Hippolyte puisqu'au lieu de revenir sur son vœu, Thésée va en hâter la réalisation (v. 1191-1192). On peut donc considérer que la mort d'Hippolyte est une conséquence directe de la jalousie de Phèdre.

Cette conception de la jalousie comme **passion dégradante** aux conséquences tragiques est assez classique. Racine l'avait déjà mise en scène dans *Andromaque* (surtout à travers Hermione) et *Bajazet* (avec Roxane). Mais c'est un sentiment qu'éprouve aussi le Misanthrope de Molière. Enfin, les comportements dégradants occasionnés chez les amants malheureux par ce sentiment traversent de grands romans comme *La Princesse de Clèves* ou *Un amour de Swann*.

◗ Le jour et la nuit

L'opposition récurrente entre le jour et la nuit fournit sans doute à l'œuvre un de ses réseaux lexicaux les plus riches et les plus complexes. Les deux termes de cette antithèse (☞ p. 173) ont évidemment une **valeur symbolique**. Le jour qui, dans cet espace méditerranéen, ne peut être qu'inondé de soleil et d'une intense luminosité, devient le signe de la **pureté** et de l'innocence : « *Le jour n'est pas plus pur que le fond de mon cœur* », déclare ainsi Hippolyte à son père (v. 1112), et c'est dans la transparence de cette lumière paradisiaque que les personnages au cœur pur évoluent librement ; « *Tous les jours se levaient clairs et sereins pour eux* », note amèrement Phèdre en parlant d'Hippolyte et Aricie (v. 1240). La nuit est au contraire l'espace de la faute et de la **culpabilité** : la passion incestueuse qui pousse Phèdre vers son beau-fils Hippolyte est une flamme « *noire* » (v. 310) et le seul refuge auquel songe la reine pour y étouffer sa honte est celui de la « *nuit infernale* » (v. 1277).

Or Phèdre, « *La fille de Minos et de Pasiphaé* » (v. 36) porte dans sa chair cette **douloureuse contradiction** du jour et de la nuit : dans un enchevêtrement complexe de significations, elle est à la fois fille de celui qui juge aux Enfers et descendante du Soleil (☞ p. 143), héritière de la rectitude lumineuse de son père et des sombres débordements de sa mère (☞ Minotaure p. 170). Cette double ascendance est pour elle source de profonds déchirements : fascinée par le jour (I, 3), elle aspire de toutes ses forces à l'innocence et succombe à la faute. Symbole par excellence de la pureté, Hippolyte est en effet l'objet lumineux vers lequel la porte son amour mais, dans le même mouvement, il devient pour elle le chemin de la honte et de la culpabilité. Douée d'une lucidité et d'une conscience aiguës, Phèdre, avide de lumière, ne peut alors que se résoudre à la nuit : « *Et la mort, à mes yeux dérobant la clarté,* / *Rend au jour, qu'ils souillaient, toute sa pureté* » (v. 1643-1644). C'est qu'à sa propre noirceur elle préfère le règne infini de la lumière, devenue à jamais inaccessible pour elle.

Cette problématique de l'ombre et de la lumière a bien sûr de nombreuses résonances chrétiennes : dans la Bible, Dieu est lumière, il répand sa clarté dans les âmes, et les ténèbres sont le domaine des réprouvés. Dans la perspective janséniste, teintée de pessimisme (☞ p. 146), Phèdre est donc une juste à qui la grâce a manqué. La lumière, dans sa spiritualité, peut également devenir, dans d'autres contextes, le signe de la réussite poétique : voir Baudelaire, « L'Aube spirituelle », « Le Flambeau vivant » in *Les Fleurs du mal*.

Le monstre : la difformité physique et morale

Pour comprendre l'importance de ce thème dans *Phèdre* – où le mot apparaît dix-huit fois –, il faut connaître le sens étymologique du terme ; en latin, *monstrum* qualifie « tout ce qui est digne d'être montré du doigt », tout ce qui sort de la nature.

Les monstres, ce sont tout d'abord **les êtres fantastiques de légendes**, tous ceux que Thésée a anéantis (v. 79, 938, 970). Il s'agit aussi des **animaux chimériques** comme le Minotaure, mi-homme mi-taureau (v. 649), résultat d'une passion contre-nature, ou comme le dragon sorti de la mer d'après le récit de Théramène (v. 1515-1522).

Mais Racine élargit ce qui pourrait n'être qu'un détail pittoresque et facile, au thème du monstrueux humain ; le monstre moral, c'est le personnage qui suscite l'horreur chez les autres – ou chez le spectateur – par un **comportement contre-nature** qui le bannit de la société. Ce monstre, c'est Phèdre qui, à l'instar de sa mère, éprouve une passion interdite, telle qu'Aricie la désigne à Thésée (v. 1443-1446) ou telle qu'elle se voit elle-même (v. 701-703). Enfin, n'importe quel personnage ne trouvant plus grâce aux yeux d'un autre peut recevoir cette apostrophe hyperbolique (v. 884, 1045, 1317).

On peut encore remarquer que, si les adjectifs employés pour qualifier le terme *monstre* sont des épithètes de nature lorsqu'il s'agit des animaux (« *sauvage, farouche* »), en revanche Racine choisit, pour les hommes, des qualificatifs d'une valeur morale beaucoup plus impressionnante : « *affreux, effroyable, exécrable* ». La difformité morale est donc bien plus choquante que le monstrueux physique.

Sur le thème du monstre, voir les romantiques, surtout Hugo : Quasimodo dans *Notre-Dame de Paris*, Gwynplaine dans *L'Homme qui rit* ; et plus récemment le récit fantastique de Stevenson : *Docteur Jekyll et Mister Hyde*.

◥◻ La passion destructrice

L'amour est dans *Phèdre*, comme dans toutes les pièces de Racine, le **ressort dramatique** par excellence : c'est lui qui pousse les personnages à parler (☞ p. 48, 67) et qui fait ainsi avancer l'action. Pour Phèdre, l'amour se mue en une passion destructrice qui s'accompagne de souffrances morales et physiques et est perçue comme une véritable **maladie** : cause de troubles (I, 3), d'éga-rements, d'accès violents de fureur (IV, 5-6), elle est source d'un dérèglement de la personne qui n'arrive plus à garder la maîtrise d'elle-même (I, 3). Elle est alors vécue comme une tension perpé-tuelle, un déchirement intérieur auxquels le personnage ne peut échapper que par la mort. Cette passion en effet, conformément à son étymologie, est subie et devient dans la tragédie la **marque de la fatalité** : matérialisant en quelque sorte l'intervention des dieux dans le destin des hommes (☞ le rôle de Vénus p. 144), elle est ici l'essence même du tragique.

D'autres œuvres traitent, sous des formes très diverses, ce thème de la passion, source de souffrance : Guilleragues, *Lettres portugai-ses* ; Mme de Lafayette, *La Princesse de Clèves* ; l'abbé Prévost, *Manon Lescaut* ; Flaubert, *La Chartreuse de Parme* ; Proust, *Un amour de Swann*…

Le regard : instrument de l'amour et du jugement

Les nombreux regards posés ou échangés par les personnages de *Phèdre* correspondent à deux attitudes : d'une part le regard amoureux, d'autre part le regard qui juge.

Le **regard amoureux**, c'est d'abord celui du **coup de foudre** : la naissance de l'amour passe par l'échange des regards pour tous les personnages (Phèdre : v. 273 ; Hippolyte : v. 410-411 ; Aricie : v. 436). Par la suite, les protagonistes semblent **poursuivis par cette image initiale** : impossible de l'oublier (v. 286-290, 543-545) ; et cette première expérience de la passion est parfois si éprouvante qu'ils cherchent à y échapper par tous les moyens (v. 289, 295-296, 542). Si le premier regard détermine la passion, les suivants l'entretiennent et magnifient l'être aimé. Ils sont aussi la nourriture indispensable à la vie de l'amoureux : c'est un « regard vrai » d'Hippolyte que quémande Phèdre, désespérée (v. 692).

Par ailleurs, le regard est intimement lié au thème de la faute : **regard sévère**, tout d'abord, que celui qui a manqué à la morale ou à ses principes porte sur lui-même (v. 536, 673-674). Mais le « pécheur » redoute surtout le regard des autres car il rappelle sa honte : après le retour de Thésée, Phèdre ne soutient plus la vue d'Hippolyte (v. 841-842, 910), mais elle craint aussi le regard de ses fils (v. 867-869). Enfin, apparentée à de nombreux dieux, elle sait qu'ils portent sur elle des regards réprobateurs (v. 171, 813, 1280-1285). Ces regards sont ses pires bourreaux car elle ne peut s'y soustraire, fût-ce par la mort (v. 1276-1278).

Les débuts de la passion amoureuse sont souvent marqués par un échange de regards dans les œuvres romanesques ou théâtrales ; voir *La Princesse de Clèves* de Mme de Lafayette ; *Manon Lescaut* de l'abbé Prévost ; *La vie de Marianne* de Marivaux ; *Le Rouge et le Noir, Lucien Leuwen* de Stendhal ; *L'Éducation sentimentale* de Flaubert… Quant à la sévérité du regard-juge, une pièce comme *Huis clos* de Sartre la réactualise jusqu'à l'obsession.

Le silence et l'aveu

Phèdre peut apparaître comme une **tragédie de l'aveu** : maîtresse de son destin tant qu'elle garde le silence, Phèdre compromet sa liberté en parlant. Seule à connaître son terrible secret, elle pouvait en effet choisir de vivre ou de mourir ; mais après avoir par trois fois rompu le silence (devant Œnone, I, 3 ; devant Hippolyte, II, 5 ;

devant Thésée, V, 7), elle ne peut plus que mourir : tout se passe comme si les mots, en donnant forme et consistance à son crime, avaient scellé son destin tragique. La parole l'a conduite à la mort.

Certes, la **tentation du silence** était bien ancrée en elle : preuve en est sa longue résistance face aux questions pressantes d'Œnone (I, 3). Mais seule la mort assure un silence radical et définitif. C'est pourquoi Phèdre, lorsqu'elle entre en scène, désire mourir. Conserver plus longtemps la vie ne peut que conduire au risque suprême de voir la créature coupable se compromettre en paroles irréversibles. Or Phèdre est encore en vie et son secret l'étouffe. Œnone est là qui la questionne. Phèdre succombe et la longueur même de ses différents aveux (tirades v. 269-316 et v. 634-662) nous donne bien la mesure de ce **besoin d'épanchement** qui l'habite malgré elle. Tout d'un coup, la parole jaillit, impérieuse, et se déverse en longs flots sur le théâtre ; le désir bouscule les interdits et la passion est la plus forte.

Toutefois, même dans ses confessions, Phèdre reste encore partagée entre la tentation du silence et la nécessité de l'aveu. Elle adopte en effet un **langage** qui apparaît comme celui du **compromis** : cette vérité qu'elle n'est pas arrivée à taire complètement, ce n'est qu'en la recouvrant d'un voile qu'elle consent à la révéler. Ainsi, dans le premier aveu, délègue-t-elle en quelque sorte la parole à Œnone en lui laissant prononcer les mots décisifs et douloureux (v. 259, 264). Plus loin, lorsqu'elle est face à Hippolyte, elle use de détours et de subterfuges : ce n'est d'abord que par le truchement d'une double substitution (Thésée → Hippolyte ; Ariane → Phèdre) qu'elle ose déclarer sa flamme. Seul le dernier aveu (v. 1622-1644) ne s'encombre pas d'hésitations : Phèdre n'a plus que quelques instants à vivre. Menacée par le silence, la parole devient alors lumineuse.

Le sentiment de la faute, qui rend l'aveu difficile, voire impossible, tient à de multiples causes : voir Mme de Lafayette, *La Princesse de Clèves* ; Marivaux, *Le Jeu de l'amour et du hasard* ; Stefan Zweig, *La Confusion des sentiments* ; Sartre, *Huis clos*.

Passions interdites

• *TRISTAN ET ISEULT* • XIIᵉ S.

Une autre fatalité : les effets du philtre magique

Le chevalier Tristan est allé en Irlande conquérir pour son oncle, le roi Marc, la princesse Iseult. Lors du voyage qui les ramène en Cornouailles, la jeune fille ne témoigne qu'hostilité à Tristan qui l'a arrachée à son pays. Or, sa servante, Brangien, possède un philtre magique dont la « force inouïe » provoque chez ceux qui le boivent « un amour impérieux et sans faille »...

Comme, assis côte à côte, ils échangeaient quelques propos, ils eurent soif l'un et l'autre et se le dirent. Iseult appela Brangien et lui commanda d'apporter du vin. Celle-ci se hâta de gagner l'angle du pavillon où les marins irlandais avaient déposé les coffres d'Iseult et de sa suite. Dans l'un d'eux, elle prit le précieux flacon, reconnaissable entre tous, où la reine d'Irlande avait versé le vin herbé. À cet instant, le visage de la jeune fille s'éclaira d'un sourire furtif : elle tenait en ses mains le plus sûr moyen de faire naître l'amour en Tristan et de le lier à Iseult pour toujours. Brangien déposa le flacon avec une coupe d'argent ciselé sur une table à laquelle Iseult s'était accoudée et elle lui dit d'un air riant : « Reine Iseult, prenez ce breuvage qui a été préparé en Irlande pour le roi Marc ! » Iseult ne répondit pas et laissa faire la servante. Quant à Tristan, il crut qu'il s'agissait d'un vin de choix offert en cadeau au roi Marc. En homme courtois et bien appris, il versa de ce breuvage dans la coupe et le tendit à Iseult qui en but à sa soif. Quand elle eut posé la coupe encore moitié pleine, Tristan la saisit et la vida jusqu'à la dernière goutte.

Dès que les deux jeunes gens eurent bu de ce vin, l'amour, tourment du monde, se glissa dans leurs cœurs. Avant qu'ils s'en fussent aperçu, il les courba tous deux sous son joug. La rancune d'Iseult s'évanouit et jamais plus ils ne furent ennemis. Ils se sentaient déjà liés l'un à l'autre par la force du désir, et pourtant ils se cachaient encore l'un de l'autre. Si violent que fût l'attrait qui les poussait vers un même vouloir, ils tremblaient tous deux pareillement dans la crainte du premier aveu.

Quand Tristan sentit l'amour s'emparer de son cœur, il se souvint aussitôt de la foi jurée au roi Marc[1], son oncle et son suzerain, et il voulut reculer : « Non, se disait-il sans cesse, laisse cela, Tristan, reviens à toi, n'accueille jamais un dessein aussi déloyal. » (...)

Mais son cœur le ramenait sans relâche à la même pensée d'amour. (...) Quant à Iseult, toute sa pensée n'était plus que l'amour de Tristan. Jusqu'au déclin du jour, durant de longues heures, ils se cherchèrent à tâtons comme des aveugles, malheureux quand ils gardaient le silence et languissaient séparés, plus malheureux encore quand, réunis, ils reculaient devant l'ivresse du premier baiser.

> *Tristan et Iseult*, chap. IX, traduit de l'ancien français
> par René Louis, Librairie générale française, 1972.

QUESTIONS

1. Le rôle du philtre magique est-il dramatique (☞ p. 173) ou symbolique ? Pourquoi ?

2. Quelles ressemblances observez-vous entre la description des effets de la passion naissante dans ce texte et les témoignages de Phèdre ou d'Hippolyte ?

Mme DE LAFAYETTE • *LA PRINCESSE DE CLÈVES* • 1678

Une autre stratégie : parler pour éviter la faute

Mme de Clèves, jeune femme mariée sans amour à un homme qui en revanche l'aime passionnément, s'éprend du duc de Nemours qui lui aussi éprouve pour elle une « inclination violente ». Pour éviter l'adultère, elle décide d'avouer sa passion à quelqu'un qui la protégera. Le confident qu'elle choisit est... son propre mari.

---

1 Tristan a promis à son oncle de lui ramener une fiancée.

– Eh bien ! Monsieur, lui répondit-elle en se jetant à ses genoux, je vais vous faire un aveu que l'on n'a jamais fait à son mari ; mais l'innocence de ma conduite et de mes sentiments m'en donne la force. Il est vrai que j'ai des raisons de m'éloigner de la cour et que je veux éviter les périls où se trouvent quelquefois les personnes de mon âge. Je n'ai jamais donné nulle marque de faiblesse et je ne craindrais pas d'en laisser paraître si vous me laissiez la liberté de me retirer de la cour ou si j'avais encore Mme de Chartres[1] pour aider à me conduire. Quelque dangereux que soit le parti que je prends, je le prends avec joie pour me conserver digne d'être à vous. Je vous demande mille pardons si j'ai des sentiments qui vous déplaisent, du moins je ne vous déplairai jamais par mes actions. Songez que, pour faire ce que je fais, il faut avoir plus d'amitié et plus d'estime pour un mari que l'on en a jamais eu ; conduisez-moi, ayez pitié de moi, et aimez-moi encore, si vous pouvez. »

M. de Clèves était demeuré, pendant tout ce discours, la tête appuyée sur ses mains, hors de lui-même, et il n'avait pas songé à faire relever sa femme. Quand elle eut cessé de parler, qu'il jeta les yeux sur elle, qu'il la vit à ses genoux le visage couvert de larmes et d'une beauté si admirable, il pensa mourir[2] de douleur, et l'embrassant en la relevant :

« Ayez pitié de moi vous-même, Madame, lui dit-il, j'en suis digne ; et pardonnez si, dans les premiers moments d'une affliction aussi violente qu'est la mienne je ne réponds pas, comme je dois, à un procédé comme le vôtre. Vous me paraissez plus digne d'estime et d'admiration que tout ce qu'il y a jamais eu de femmes au monde ; mais aussi je me trouve le plus malheureux homme qui ait jamais été. Vous m'avez donné[3] de la passion dès le premier moment que je vous ai vue ; vos rigueurs et votre possession n'ont pu l'éteindre ; elle dure encore ; je n'ai jamais pu vous donner[3] de l'amour, et je vois que vous craignez d'en avoir pour un autre. Et qui est-il, Madame, cet homme heureux qui vous donne cette crainte ? Depuis quand vous

---

1 Sa mère, décédée depuis peu.
2 *Il pensa mourir* : il faillit mourir.
3 *Donner* : inspirer.

plaît-il ? Qu'a-t-il fait pour vous plaire ? Quel chemin a-t-il trouvé pour aller à votre cœur ? Je m'étais consolé en quelque sorte de ne l'avoir pas touché par la pensée qu'il était incapable de l'être. Cependant un autre fait ce que je n'ai pu faire. J'ai tout ensemble la jalousie d'un mari et celle d'un amant ; mais il est impossible d'avoir celle d'un mari après un procédé comme le vôtre.

Mme DE LAFAYETTE, *La Princesse de Clèves*, 1678.

QUESTIONS

1. Comparez l'aveu de Mme de Clèves à son mari avec celui de Phèdre à Thésée (V, 7) : en quoi leur motivation psychologique diffère-t-elle ? Ont-ils la même fonction dramatique (☞ p. 173) ? Pourquoi ?

2. En quoi la jalousie de M. de Clèves ressemble-t-elle à celle de Phèdre ? En quoi s'en distingue-t-elle ?

3. Comparez les réactions de Thésée et de M. de Clèves : laquelle vous paraît la plus extraordinaire ? Pourquoi ?

BARBEY D'AUREVILLY • *L'ENSORCELÉE* • 1854

Un autre sacrilège : une passion coupable pour un prêtre

L'abbé de La Croix-Jugan est un prêtre chouan, au visage atrocement mutilé. Dans la paroisse normande qu'il dessert, une jeune femme, Jeanne Le Hardouey, s'éprend follement de lui. Elle confie ce secret trop lourd à porter à une vieille femme du village surnommée la Clotte...

Elle s'assit, sur son escabeau, auprès de la Clotte, mit son coude sur son genou et sa joue de feu dans sa main, et, comme si elle allait commencer quelque récit extraordinaire :

« Écoutez, – dit-elle avec un regard fou. – J'aime un prêtre ; j'aime l'abbé Jéhoël de La Croix-Jugan ! »

La Clotte joignit les deux mains avec angoisse.

« Hélas ! je le sais bien, – fit-elle ; – c'est de là que vient tout votre malheur.

– Oh ! je l'aime, et je suis damnée, – reprit la malheureuse, – car c'est un crime sans pardon que d'aimer un prêtre ! Dieu ne peut pas pardonner un tel sacrilège ! Je suis damnée ! mais je veux qu'il le soit aussi. Je veux qu'il tombe au fond de l'enfer avec moi. L'enfer sera bon alors ! il me vaudra mieux que la vie... Lui qui ne sent rien de ce que j'éprouve, peut-être se doutera-t-il de ce que je souffre, quand les brasiers de l'enfer chaufferont enfin son terrible cœur ! Ah ! tu n'es pas un saint, Jéhoël : je t'entraînerai dans ma perdition éternelle ! Ah ! Clotilde Mauduit, vous avez vu bien des choses affreuses dans votre jeunesse, mais jamais vous n'en avez vu comme celles qui se passeront près d'ici, ce soir. Vous n'avez qu'à écouter, si vous ne dormez pas cette nuit : vous entendrez l'âme de Dlaïde Malgy crier plus fort que toutes les orfraies de la chaussée de Broquebœuf.

– Taisez-vous, Jeanne de Feuardent, ma fille ! – interrompit la Clotte avec le geste et l'accent d'une toute-puissante tendresse ; et elle prit la tête de Jeanne-Madelaine et la serra contre son sein desséché, avec le mouvement de la mère qui s'empare d'un enfant qui saigne et veut l'empêcher de crier.

– Ah ! je vous fais l'effet d'une folle ! – dit plus doucement Jeanne, que cette mâle caresse d'un cœur dévoué apaisa, – et je le suis bien dans un sens, mais dans l'autre je ne le suis pas... J'ai essayé de tout pour être aimée de ce prêtre. Il n'a pas même pris garde à ce que je souffrais. Il m'a méprisée comme Dlaïde Malgy, comme vous toutes, les filles de Haut-Mesnil, qu'il a dédaignées. Eh bien ! je vous vengerai toutes. Il m'en coûtera ma part de paradis, mais je vous vengerai.

BARBEY D'AUREVILLY, L'Ensorcelée, chap. X, 1854.

QUESTIONS

1. Comparez le rôle du sacré dans ce texte avec celui qu'il joue dans *Phèdre*.

2. Comparez les relations de Jeanne et la Clotte avec celles de Phèdre et Œnone. Que remarquez-vous ?

3. Tout comme dans *Phèdre*, la passion de Jeanne s'est métamorphosée en haine. La cause de ce changement est-elle la même que chez Racine ? En quoi cette évolution est-elle logique ?

Lire, voir, entendre

BIBLIOGRAPHIE

● **Sur Racine**

Roland BARTHES, *Sur Racine*, éd. du Seuil, 1963.

Alain NIDERST, *Racine et la Tragédie classique*, P.U.F., coll. « Que sais-je ? », n° 1753, 1978.

Leo SPITZER, « L'effet de sourdine dans le style classique : Racine », in *Études de style*, Gallimard, coll. « Tel », 1970.

● **Sur *Phèdre***

Jean-Louis BARRAULT, *Mise en scène de* Phèdre, éd. du Seuil, 1946.

Thierry MAULNIER, *Lecture de* Phèdre, Gallimard, 1943.

Jean-Michel PELOUS, « Métaphores et figures de l'amour dans la *Phèdre* de Racine », in *Travaux de linguistique et de littérature*, 1981, n° 2.

FILMOGRAPHIE

Phaedra, réalisée par Jules DASSIN, avec Mélina Mercouri, Anthony Perkins et Raf Vallone, 1962 ; libre adaptation, dans la Grèce des années 1960.

Phèdre, mise en scène de Pierre JOURDAN filmée en studio, avec Marie Bell, Claude Giraud et Jacques Dacqmine, 1968.

DISCOGRAPHIE

Sarah BERNHARDT, *Phèdre* II, 5, in *Stars et Monstres sacrés*, coll. « Documents », disque compact, coproduction Adès-Musée d'Orsay, 1987.

Alcide : autre nom d'Hercule par référence à son ascendant Alcée.

Amazones : filles du dieu Mars. Elles forment une peuplade mythique de femmes guerrières et conquérantes qui, hostiles au mariage, tuaient leurs enfants mâles et se brûlaient le sein droit pour mieux tirer à l'arc. D'après la légende, elles étaient originaires de Scythie, région géographique mal déterminée, au nord de la mer Noire.

Antiope : reine des Amazones. Enlevée par Thésée, qui fit d'elle sa première épouse, elle lui donna un fils, Hippolyte.

Ariane : fille de Minos, sœur de Phèdre. Elle s'éprit de Thésée lorsqu'il arriva en Crète pour être livré au Minotaure. Aidée par Dédale, elle le guida hors du Labyrinthe grâce à un peloton de fil. Mais Thésée, qui lui avait promis de l'épouser une fois de retour à Athènes, l'abandonna en chemin sur l'île de Naxos.

Égée : roi d'Athènes ; père de Thésée. Quand celui-ci partit combattre le Minotaure, Égée lui donna deux voiles pour son navire, une blanche et une noire, lui demandant de faire hisser la voile blanche s'il revenait vainqueur et la noire s'il était vaincu. Revenant victorieux, Thésée oublia dans sa joie cette recommandation, et laissa la voile noire. C'est alors que le roi, qui guettait le retour de son fils, vit de loin. Croyant Thésée mort, il se précipita dans les flots que depuis lors on nomme « mer Égée ».

Érechthée : fils de la Terre et premier roi d'Athènes ; grand-père d'Égée.

Hélène : fille d'une mortelle, Léda, et d'un dieu, Jupiter. Avec l'aide de Pirithoüs, Thésée l'enleva alors qu'elle était petite fille, dans l'intention de l'épouser plus tard. Mais ses frères la délivrèrent pendant une absence de Thésée. Mariée à Ménélas et enlevée ensuite par Pâris, c'est elle qui fut à l'origine de la guerre de Troie.

Hercule : héros légendaire, fils de Jupiter, petit-fils d'Alcée, connu pour sa force extraordinaire qui lui permit d'accomplir les fameux douze travaux. Il fut l'ami de Thésée.

Icare : prisonnier avec son père Dédale du Labyrinthe que celui-ci avait construit en Crète, il réussit à s'en échapper en se fabriquant des ailes faites de plumes et collées avec de la cire. Mais grisé de pouvoir voler, il se rapprocha trop du soleil, qui fit fondre la cire, et tomba dans une partie de la mer Égée, qu'on appela désormais la mer Icarienne.

Labyrinthe : œuvre de l'ingénieux architecte Dédale, construit pour enfermer le Minotaure. Il comportait tellement de détours trompeurs qu'il était impossible, quand on y pénétrait, de retrouver la sortie. Le Minotaure en occupait le centre.

Médée : princesse descendant du Soleil. Possédant des pouvoirs magiques, c'est elle qui aida Jason, dont elle s'était éprise, à conquérir la Toison d'or que détenait son propre père.

Minos : roi de Crète, époux de Pasiphaé, père de Phèdre et d'Ariane. Il avait promis à Neptune de lui sacrifier la victime que le dieu choisirait lui-même. Celui-ci avait fait sortir des flots un taureau blanc superbe, si bien que Minos ne put se résoudre à le sacrifier ; il lui en substitua un moins beau. Pour le punir, Neptune rendit Pasiphaé amoureuse du taureau, et elle en conçut le Minotaure. Minos, plutôt que de le tuer, fit enfermer le monstre dans le Labyrinthe.

Minotaure : monstre né des amours dénaturées de Pasiphaé avec un taureau magnifique ; il avait un corps d'homme surmonté d'une énorme tête de taureau. Minos le fit enfermer au centre du Labyrinthe supposé inextricable. Pour le nourrir, on lui jetait des victimes humaines. Il fut finalement tué par Thésée.

Neptune : frère de Jupiter. Souverain de la mer, c'est lui aussi qui fit don du premier cheval à l'homme et lui apprit à le dresser. Gouvernant la tempête et les eaux calmes, il est « celui qui fait trembler le monde ». Pour remercier Thésée d'avoir débarrassé les rivages de son royaume des brigands qui les infestaient, il lui avait promis d'exaucer un de ses vœux.

Pallante : appelé aussi Pallas ; fils de Pandion et frère d'Égée. À la mort de son père, il obtint l'Attique méridionale où il créa une race de géants. Il avait cinquante fils, les Pallantides.

Pallantides : fils de Pallas, frères d'Aricie, d'après Racine se réclamant de Virgile. À la mort de leur oncle Égée, ils disputèrent à leur cousin Thésée le trône d'Athènes ; ils lui tendirent une embuscade, mais battus, ils furent tous massacrés.

Pasiphaé : fille du Soleil, épouse de Minos, mère d'Ariane et de Phèdre, mais aussi du Minotaure.

Péribée : fille du roi de Mégare. Thésée, qui l'avait conquise sur Minos, l'abandonna à Salamine, dont elle épousa plus tard le roi, Télamon.

Pirithoüs : compagnon de Thésée, d'un caractère aventureux et imprudent. Pour vérifier si Thésée méritait son renom de héros, il vola une partie de son bétail et, poursuivi par le propriétaire, voulut se mesurer avec lui. Mais en face de Thésée, son admiration lui fit oublier le défi. Et ils se jurèrent une amitié éternelle. Ils vécurent ensemble de nombreuses aventures, au cours desquelles Thésée sauva la vie à son ami à plusieurs reprises. Un jour, Pirithoüs décida d'enlever Perséphone, épouse de Pluton, le dieu des morts. L'entreprise était périlleuse car il fallait descendre aux Enfers. Seul Thésée put en revenir vivant, grâce à Hercule, dit-on.

Pitthée : roi de Trézène, grand-père maternel de Thésée. C'était l'homme le plus instruit de son temps. Il rendait la justice et enseignait la rhétorique. Lorsque Thésée épousa Phèdre, il envoya Hippolyte auprès de Pitthée, qui selon certaines versions l'adopta et en fit l'héritier du trône de Trézène. Racine retient surtout son rôle d'éducateur auprès d'Hippolyte.

Procuste, Scirron, Sinnis : parti de Trézène pour rejoindre son père à Athènes, Thésée tua en chemin ces bandits en leur infligeant la mort qu'ils faisaient subir à leurs propres victimes : Procuste fut étendu sur le lit de fer à la longueur duquel il ramenait ses victimes soit en les étirant, soit en les amputant. Scirron, qui envoyait ses captifs d'un coup de pied dans la mer après les avoir forcés à s'agenouiller pour lui laver les pieds, fut jeté dans un précipice. Sinnis, quant à lui, mourut attaché à deux pins courbés jusqu'à terre qui furent ensuite lâchés.

Thésée : fils d'Égée ; il est, comme le fait remarquer l'Hippolyte de Racine, un autre Hercule. En effet, lui aussi se fit connaître par des exploits extraordinaires, débarrassant plusieurs régions des fléaux qui y sévissaient. C'est lui qui tua le Minotaure avec l'aide d'Ariane. De son premier mariage avec Antiope, il avait eu un fils, Hippolyte. Après la mort de la reine des Amazones, il se remaria avec Phèdre.

Vénus : déesse de l'amour et de la beauté, fille de Jupiter. Elle s'acharna sur tous les descendants du Soleil qui avait révélé aux dieux de l'Olympe ses amours clandestines avec Mars, le dieu de la guerre.

Adresse : moyen ingénieux, ruse, fourberie (v. 1321). Le sens actuel, plus large, était connu au XVIIᵉ s.

Aimable : digne d'être aimé, agréable (v. 2). Le sens moderne de « qui cherche à faire plaisir, accueillant, poli » n'existait pas encore au XVIIᵉ s.

Amant : homme qui éprouve des sentiments amoureux pour une femme, qu'ils soient ou non réciproques (v. 413, 1586). Le sens moderne était exceptionnel au XVIIᵉ s. – **Amante** : femme attachée à un homme par des sentiments passionnés, qu'ils soient ou non réciproques (v. 21, 1254).

Appas : terme poétique désignant, au singulier ou plus souvent au pluriel, les attraits, les charmes physiques d'une femme (v. 55). Aujourd'hui, le mot, qui a changé de sens, s'orthographie « appât(s) » et le sens du XVIIᵉ s. n'est plus employé que sur le mode plaisant.

Bord(s) : rivage ou frontière d'un pays et, par métonymie au pluriel, la contrée tout entière (v. 11).

Chagrin : accès de colère, irritation (v. 294), humeur tourmentée (v. 33, 1111). Le sens actuel, affaibli, existait au XVIIᵉ s.

Charme : conformément à son étymologie, sortilège, puissance magique (v. 190, 391). Sens affaibli : attrait, agrément. – **Charmant** : qui exerce un attrait puissant sur les sens (v. 137, 639).

Climat(s) : conditions météorologiques d'une région et, par métonymie au pluriel, la contrée où règne ce climat (v. 15). Le sens figuré actuel, synonyme d'« ambiance », n'existait pas au XVIIᵉ s.

Courage : au sens premier, désigne le cœur, siège des sentiments (v. 123, 1417) ; mais il signifie aussi fierté, orgueil (v. 413). Le sens actuel était connu au XVIIᵉ s.

D'abord : aussitôt, immédiatement (v. 40). Le sens actuel de « en premier lieu » était également usuel au XVIIᵉ s.

Déplorable : littéralement, digne d'être pleuré, digne de compassion, de pitié (v. 257, 1014). Le sens du mot s'est bien affaibli aujourd'hui.

Ennui : tourment, désespoir (v. 255, 1091). Aujourd'hui, le sens du mot, qui ne désigne plus que des « contrariétés », est très atténué. Le sens de « lassitude causée par la monotonie et le désœuvrement » existait aussi au XVIIᵉ s.

Entendre : comprendre (v. 37, 1422). Ce sens existe encore dans l'expression actuelle « laisser entendre ». Le sens moderne était également usuel au XVIIᵉ s. (v. 1469, 1482).

Feu(x) : au singulier comme au pluriel, terme métaphorique désignant la passion amoureuse dans la langue poétique et galante (v. 352, 993).

Fier : conformément à l'étymologie, farouche, sauvage, cruel (v. 67). Les sens actuels de « hautain » et « qui s'enorgueillit de » étaient également usuels au XVIIᵉ s.

Flamme : métaphore du vocabulaire galant pour désigner un amour ardent (v. 117, 308). *Feu* et *flamme* peuvent être associés dans une métaphore filée (v. 350-352).

Foi : promesse, serment, parole donnée (v. 198, 1390). Fidélité à cet engagement, loyauté, sincérité (v. 1406).

Funeste : mortel, fatal (v. 175, 1195). Le sens est aujourd'hui bien atténué.

Fureur : folie furieuse, égarement d'esprit (v. 672, 792). Manifestations de déraison (v. 853), mais aussi passion (v. 1228). Le sens actuel de « grande colère » était usuel au XVIIᵉ s.

Gêne : conformément à l'étymologie, instrument de torture, supplice que l'on inflige ; d'où torture morale, profond tourment (v. 1454). Le sens actuel de « difficulté, embarras » est très affaibli par rapport à celui du XVIIᵉ s.

Gloire : honneur (v. 666). Réputation intacte aux yeux d'autrui et de soi-même (v. 309, 1385).

Horreur : littéralement, hérissement des cheveux, des poils (sens déjà vieilli au XVIIᵉ s.) ; d'où ce qui le provoque : aspect effrayant (v. 352) ; saisissement de crainte ou de respect (v. 240). La plupart des sens actuels étaient également connus au XVIIᵉ s.

Hymen : terme poétique désignant le mariage (v. 612, 1391).

Inquiet : conformément à l'étymologie, qui ne peut rester au repos ou en place, remuant, agité (v. 148). Le sens actuel de « anxieux » était également usuel au XVIIᵉ s.

Joug : métaphore galante pour désigner l'attachement amoureux (v. 60) ou métaphore politique pour désigner la dépendance (v. 200).

Lumière : métaphore poétique pour désigner la vie (v. 229).

Nœud : par métaphore, liens de l'amitié ; plus souvent, de l'amour, ou du mariage (v. 351).

Objet : conformément à l'étymologie, spectacle qui frappe le regard (v. 1578) ; d'où, par restriction de sens, ce qui, par excellence, arrête le regard (de l'homme) : femme aimée (v. 636, 1212). Ce sens a disparu aujourd'hui. En revanche, les sens actuels étaient usuels au XVIIᵉ s.

Sang : métonymie poétique désignant la race, l'extraction, la famille (v. 212, 680). Descendant (v. 755, 1288).

Séduire : conformément à l'étymologie, détourner du droit chemin (domaine moral) ou du chemin de la vérité (domaine intellectuel), tromper (v. 1233). Le sens actuel de « attirer puissamment » existait déjà au XVIIᵉ s., mais pas celui, plus restreint, de « conduire [une femme] à fauter ».

Soin : marques de dévouement, zèle (v. 932). Souci, préoccupation (v. 617), voire défiance (v. 432). Efforts (v. 547), occupation (v. 756). Le sens actuel, plus restreint, était usuel au XVIIᵉ s. (v. 931).

Superbe : conformément à l'étymologie, orgueilleux (adjectif ou substantif ; v. 127, 538). Qui s'élève au-dessus des autres (v. 360).

Tête : métonymie fréquente dans les genres nobles ou dans le domaine juridique pour désigner la personne tout entière (v. 6, 1049).

Tout d'un coup : du premier coup, d'emblée (v. 1086), mais aussi, comme aujourd'hui, soudain.

Travail : fatigue et, par métonymie, ce qui peut en être la cause : entreprise périlleuse, exploit (v. 1058 ; on parle encore aujourd'hui en ce sens des « travaux » d'Hercule), mais aussi difficulté, peine, tourment. Ces sens ont aujourd'hui disparu. En revanche, presque tous les sens actuels étaient usuels au XVIIᵉ s.

Triste : sombre, funeste (v. 387, 897). Malheureux (v. 861, 1333). Le sens actuel, affaibli, était également usuel au XVIIᵉ s.

Vœu(x) : désirs amoureux (v. 180, 1123) ou prière (v. 279). Les sens actuels étaient également usuels au XVIIᵉ s.

Alexandrin : vers de 12 syllabes composé de deux **hémistiches** (= 1/2 vers) séparés par une **césure** (= « coupure » centrale qui marque une pause) ; la **coupe** est une pause intermédiaire, à l'intérieur des hémistiches.

Anaphore : répétition d'un ou plusieurs mots au début de plusieurs vers, membres de phrases...

Antithèse : opposition de sens entre deux mots, deux groupes de mots, deux propositions...

Aparté : paroles que le personnage prononce à l'écart des autres et que seul le spectateur est censé entendre.

Apostrophe : interpellation d'un interlocuteur (personne ou chose) qui interrompt tout à coup le discours.

Baroque : esthétique qui s'est développée en Europe aux XVIIe et XVIIIe s. et qui cherche à éblouir par l'ostentation et l'exubérance ; en littérature, on oppose le baroque au classicisme parce qu'il donne la primauté à la sensibilité dans un foisonnement d'images, de sonorités et de jeux verbaux.

Bienséances : usages à respecter ; une pièce de théâtre classique en particulier, pour ne pas heurter les goûts et les préjugés du public, doit éviter mots, idées et situations considérés comme choquants à l'époque.

Catastrophe : dénouement, en général d'une tragédie, ou événements résultant de la dernière péripétie.

Champ lexical : ensemble de termes se rapportant à un thème donné.

Coup de théâtre : événement imprévu qui modifie l'action de façon spectaculaire.

Didascalies : ensemble des indications concernant la mise en scène données directement par le dramaturge (en italique ou entre parenthèses).

Distique : groupe de 2 vers successifs unis par la rime.

Dramatique : qui concerne le théâtre et en particulier le déroulement de l'action.

Dramaturge : auteur qui écrit des pièces de théâtre. – **Dramaturgie** : art de composer une pièce de théâtre.

Élégie : chez les Anciens, petit poème au sujet tendre, triste, plaintif ; le ton **élégiaque** qualifie tout ce qui est exprimé de façon tendre et mélancolique.

Éponyme : qualifie le personnage qui donne son nom à la pièce de théâtre ou à l'œuvre, souvent parce qu'il en est le héros.

Exposition : début d'une pièce de théâtre où le dramaturge expose tout ce qui est nécessaire à la bonne compréhension de l'intrigue.

Focalisation : désigne le type de vision adoptée par le narrateur ; **f. zéro** (ou « vision par derrière ») : le narrateur est omniscient, il sait tout des faits et des personnages ; **f. interne** (ou « vision avec ») : il adopte le point de vue d'un personnage ; **f. externe** (ou « vision du dehors ») : il ne rapporte que les apparences extérieures de l'histoire. Des focalisations différentes peuvent donc donner plusieurs versions d'un même fait.

Galant, galanterie : mots-clés de la littérature et de la vie mondaine au XVIIe s. ; au sens amoureux, qualifie toute personne bien élevée qui cherche à plaire ; au sens mondain, s'applique essentiellement à la distinction, voire au raffinement de l'esprit et des manières.

Hypotypose : peinture vive et énergique d'une scène qui semble alors vivre sous nos yeux.

Ironie tragique : elle s'exerce à l'égard d'un personnage lorsque celui-ci entend ou prononce une vérité sans en percevoir la portée funeste pour lui.

Laconisme : grande concision de l'expression.

Licence orthographique : possibilité de déroger aux règles de l'orthographe par suppression ou adjonction d'une ou plusieurs lettres, pour les besoins de la rime ou de la prosodie (ex. : v. 579-580, ou *encor* pour *encore*).

Litote : fausse atténuation qui consiste à en dire moins pour en faire comprendre plus. Ex. : *« Va, je ne te hais point »* (Corneille, *Le Cid*) = je t'aime.

Lyrisme : expression vibrante des sentiments personnels : on parle de soi et on cherche à faire partager ses sentiments à son interlocuteur ou à son lecteur.

Modalité (d'une phrase) : assertive, interrogative ou exclamative.

Monologue : discours prononcé par un personnage qui est ou se croit seul sur scène.

Occurrence : apparition d'un mot ou d'un groupe de mots dans le texte.

Oxymore : alliance de mots dont les significations paraissent se contredire. Ex. *« une obscure clarté »*.

Pathétique : qui suscite une vive émotion.

Polysémique : se dit d'un mot qui a plusieurs sens.

Protagoniste : personnage qui tient le premier rôle ou un rôle de premier plan.

Quiproquo : méprise sur l'identité d'un personnage ou malentendu sur une situation.

Redondance : redoublement expressif d'une même idée (dans les mêmes termes ou en des termes différents).

Romanesque : qui s'accompagne d'idées, d'images, de rêveries dignes des romans, créant une poésie sentimentale.

Schéma actantiel : système qui décrit le rôle des personnages et des forces agissantes dans le déroulement de l'action (d'où le terme d'**actants**) :

destinateur → destinataire

$$\text{sujet} \rightarrow \text{objet}$$

adjuvant ↗ ↖ opposant

Le sujet entreprend l'action en vue d'obtenir l'objet, aidé par l'adjuvant, entravé par l'opposant ; le destinateur commande l'action, le destinataire en est le bénéficiaire.
N.B. : un personnage peut cumuler plusieurs fonctions ; un seul actant peut correspondre à plusieurs personnages. Les relations peuvent évoluer au fil de l'action et des schémas différents peuvent décrire la même situation selon qu'on choisit comme sujet.

Situation d'énonciation : ensemble des éléments constitutifs de la situation dans laquelle le locuteur prend la parole (où ? quand ? à qui ? pourquoi ?...).

Stichomythie : au sens strict, dialogue où les interlocuteurs se répondent vers à vers ; au sens large, s'applique à des répliques d'1/2, 1 ou 2 vers se succédant de façon régulière.

Tirade : longue réplique.

Ce tableau fournit la liste des rubriques utilisées dans les questionnaires, avec les renvois aux pages correspondantes, de façon à permettre des **études d'ensemble** sur tel ou tel de ces aspects (par exemple dans le cadre de la lecture suivie).

RUBRIQUES	Pages				
	ACTE I	ACTE II	ACTE III	ACTE IV	ACTE V
ACTION	48	71	88	109	130, 132
CARACTÈRES	32		82, 87	97, 102	114, 119, 129
DRAMATURGIE	33, 47	54	82, 87	91, 102, 108	119, 124, 129, 132
GENRES	32, 47		77, 87		124
MISE EN SCÈNE	44, 47	68		91, 102	119
PERSONNAGES	48	71	88	109	130, 133
QUI PARLE ? QUI VOIT ?		54			
STRATÉGIES	32, 43, 47	54, 67	77, 82	91, 97	114
STRUCTURE	43, 47	60, 67	77, 87	102, 108	114
STYLE		60			124
THÈMES	43	54, 60, 68, 72		91, 97	
TONS	44, 49	67		97, 108, 110	119, 129, 131

Les décors et costumes des photographies
de cette édition sont les suivants :

Décor et costumes de Jean Hugo, Comédie-Française, 1943 (p. 134). –
Décor et costumes d'Emmanuel Auricoste, T.N.P., 1957 (p. 40, 80, 99).
– Décor et costumes d'Erte, théâtre du Vieux-Colombier, 1960 (p. 128).
– Décor et costumes de Jacques Dupont, théâtre du Gymnase, 1963
(p. 99). – Costumes de Dominique Borg, Carré Thorigny, 1973 (p. 15,
65). – Décor de Serge Diakonoff, Carré Silvia Monfort, 1982 (p. 10, 12,
13). – Décor de Claire Belloc, Maison des Arts de Créteil, 1986 (p. 10
et 13). – Décor et costumes de Jean-Pierre Barbier, Nouveau théâtre
Mouffetard, 1989 (p. 11, 40). – Décor de Laurent Peduzzi, costumes
d'Agostino Cavalca, théâtre des Arts de Cergy-Pontoise, 1989 (p. 9). –
Décor de Catherine Calixte, costumes de Mine Vergez, T.G.P. Saint-
Denis, 1990 (p. 16).

Références des photographies :

p. 4 : Ph. Canonge © Arch. Photeb. – *p. 9* : Ph. © Philippe Coqueux /
DR. – *p. 10* : *(en haut)* Ph. © Courrault / Enguerand / DR ; *(en bas)* Ph.
© Valès / Enguerand / DR. – *p. 11* : Ph. © Rubinel / Enguerand / DR. –
p. 12 : Ph. © Bernand / DR. – *p. 13* : *(en haut)* Ph. © Bernand / DR ; *(en
bas)* Ph. © Valès / Enguerand / DR. – *p. 14* : *(en haut)* Ph. Jeanbor ©
Arch. Photeb / DR ; *(en bas)* Ph. Coll. Mr and Mrs Lobanov-Rostovsky,
Londres / DR. – *p. 15 et 134* : 3 Ph. © BNF / Dpmt des ASP / DR. –
p. 16 : Ph. © Rubinel / Enguerand / DR. – *p. 23* : Ph. Paul Nadar ©
Arch. Phot., Paris © by SPADEM 1995. – *p. 40 (en haut), p. 80, p. 99
(en bas)* : 3 Ph. © Agnès Varda / Enguerand © by ADAGP 1995 pour
Emmanuel Auricoste. – *p. 40* : *(en bas)* Ph. © Siclier / Enguerand / DR.
– *p. 65* : *(en haut)* Ph. © Claude Schwartz ; *(en bas)* Ph. © Bernand / DR.
– *p. 99* : *(en haut)* Bibliothèque Nationale de France, Paris Ph. © Coll.
Roger Pic / BNF, Dpmt des ASP © by SPADEM 1995 pour Jacques
Dupont. – *p. 128* : Ph. © Bernand / DR.

Couverture : Marie Bell (PHÈDRE) dans le film de Pierre Jourdan, 1968.
(Ph. © Claude Schwartz).

Conception de la maquette intérieure : Atelier Gérard Finel.

Conception et réalisation des pages 18-19 : Norbert Journo/Studio 95.

Iconographie : Christine Varin.

N° de projet : 10067509 (4) 6 (CSBGP 80)
D.L. : juin 1999 – Imprimerie Hérissey, 27000 Évreux
N° d'imprimeur : 83780 – Imprimé en France